방구석
뮤지컬

전율의 기억,
명작 뮤지컬 속 명언

방구석 뮤지컬

이서희 지음

RITEC CONTENTS

prologue

전율의 기억

"지금 이 순간, 마법처럼~"하는 가사가 들리면, 뮤지컬을 잘 모르는 사람이라도 어느 순간 멜로디가 들리는 듯합니다. 잠시 스마트폰에서 시선을 떼어 거리를 바라보면 공연 포스터가 보이기도 하고, 간혹 좋아하는 영화나 소설이 뮤지컬로 선보인다는 소식이 들리기도 합니다. 이처럼 뮤지컬은 다양한 형태로 우리 곁을 맴돌고 있습니다.

하지만 뮤지컬은 왠지 멀게만 느껴집니다. 시간을 내어 보러 가기도 부담스러울뿐더러, 극장에 어렵사리 앉더라도 작품을 잘 이해하고 있는 건지 아리송하기 때문입니다. 「방구석 뮤지컬」은 이런 분들을 위해 쓰였습니다. 우리에게 익히 알려진 고전을 재창작한 뮤지컬부터 아직은 낯선 국내 창작 뮤지컬까지, 알고 보면 더 재밌는 뮤지컬의 세계로 여러분을 초대하기 위해서 말입니다.

이 책을 펼쳐 든 여러분께서 어느 순간 공연장에 와 있는 듯한 느낌을 받을 수 있도록, 뮤지컬이 품고 있는 배경과 서사를 생동감 있게 담아내고자 노력했습니다. 아름다운 가사와 무대 영상을 덧붙여, 문자가 가진 한계를 보완했고요. 공연장에서 직접 느낀 감동과 전율을 전달하려 했습니다.

프로덕션에 따라 달라지는 뮤지컬의 구성과 넘버는 되도록 제가 직접 감상한 공연을 기준으로 정리하였습니다. 아직 한국에 소개되지 않은 뮤지컬은 여러 자료를 통해 천천히 알아갔습니다.

서른 편의 뮤지컬을 다루는 이 책은 일종의 가이드이기도 합니다. 뮤지컬을 보러 가기에 앞서 작품을 미리 살펴본다면, 단순히 줄거리를 파악하는 일을 넘어 무대 장치와 조명, 의상, 안무, 연출에 이르기까지 뮤지컬을 구성하고 있는 다양한 요소를 음미할 수 있을 것입니다.

같은 뮤지컬을 여러 차례 보다 보면, 그러니까 소위 말하는 '회전문'을 돌다 보면 주변에서 이런 질문을 듣고는 합니다. 도대체 왜 같은 공연을 또 보냐고요.

하지만 제 생각은 조금 다릅니다. "같은 공연"은 이 세상에 없으니까요. 무대에 오를 때마다 달라지는 배우의 연기와 오케스트라의 화음, 일사불란하게 움직이는 스태프가 만들어내는 순간의 감동과 전율은 매번 색다른 공연을 만들어냅니다.

만약 「방구석 뮤지컬」을 읽고 조금이라도 자신의 호기심을 자극하는 뮤지컬이 있었다면, 호시탐탐 공연 예매 사이트를 들여다보시면 어떨까요? 그리고 극장에 앉아 공연 시작 전 떠들썩한 관객석의 소음과 오케스트라가 악기를 조율하는 소리가 만나는 순간의 설렘을 경험해 보시면 좋겠습니다. 좋은 작품을 기다리는 그 순간은 무엇과도 바꿀 수 없으니까요.

뮤지컬을 향한 관심이 보다 커진 지금 이 순간, 마법처럼 여러분께서 뮤지컬에 빠져드시길 바랍니다.

이서희

차례

PART 2

때로는 유쾌하게, 인생은 우리만의 것

PART 3

격동의 시대, 영원한 사랑

PART 5

흘러가는 시간,
나아갈 역사

Notre-Dame de Paris

PART 1

운명의 앞에서, 개척하는 인생

우리는 삶의 흐름을 쉽게 거부할 수 없습니다. 운명이 이끄는 방향으로 휩쓸려 고난에 부딪히고 실망하거나 좌절하곤 합니다. 뮤지컬 속 인물들도 마찬가지입니다. 세계, 시대, 관계, 우연과 필연이 촘촘하게 뒤섞인 삶의 한가운데 놓여 있습니다.

그러나 그들은 그 속에서 굳은 의지를 갖고 자신의 삶을 개척해 나갑니다. 때로는 운명이 그들을 가로막고 때로는 그들의 손을 이끌어주는 가운데, 더 나은 미래와 꿈을 향해 일어섭니다. 몰아치는 운명에 단단히 맞서는 그들을 지켜보며 함께 응원하다 보면 막이 내렸을 때는 그들의 용기가 우리에게도 스밀 것입니다.

1-1

아름다운 부랑자의 노래

: 노트르담 드 파리

〈노트르담 드 파리〉의 막이 오르자, 시인 '그랭구아르'의 노래가 울려 퍼지며 대성당의 높은 벽이 펼쳐집니다. 이토록 장중한 분위기 속에서 그는 우리를 성당의 유리와 돌에 글을 새기던 대성당의 시대로 이끌며, 1482년 파리에서 일어난 특별한 연애 사건을 들려주겠노라 합니다.

그의 이야기는 '클로팽'이 이끄는 부랑자의 무리가 파리에 도착해 노트르담 성당의 안식을 청하며 시작됩니다. 성당의 부주교 '프롤로'는 그들을 수용하지 않고, 근위대장 '페뷔스'에게 부랑자들을 쫓아내도록 합니다. 부랑자의 무리에는 집시 '에스메랄다'가 함께하고 있었는데, 에스메랄다의 아름다운 모습에 반한 페뷔스는 그녀를 체포하지 않습니다. 그에게는 약혼녀 '플뢰르'가 있었음에도 말입니다.

어느 날, 가장 생김새가 흉한 사람을 뽑아 교황으로 삼는

'광인들의 축제'가 열립니다. 교황으로 선정된 사람은 흉하게 생긴 꼽추이자 노트르담 성당의 종지기인 '콰지모도'였습니다. 사람들은 콰지모도에게 왕관을 씌우고, 모두가 구경할 수 있도록 하늘 높이 들어 올립니다. 행사가 요란해지자 프롤로가 나타나 이들을 해산시키고, 콰지모도에게는 민중을 현혹하는 에스메랄다를 체포하라고 지시합니다.

어릴 적 버려져 프롤로의 손에서 자란 콰지모도는 명령을 감히 거역하지 못합니다. 콰지모도는 에스메랄다를 납치하기 위해 미행하지만, 그 모습이 페뷔스에게 발각되어 체포됩니다. 에스메랄다를 위험에서 구한 페뷔스는 '발 다무르(사랑의 계곡)' 카바레에서 만나자고 제안합니다.

이때 부랑자들은 타오르는 거리의 불길 속에서 자신들만의 궁전을 세우고 무질서한 몸짓과 우렁찬 목소리를 과시하고 있었습니다.

그랭구아르는 부랑자들의 영역에서 어슬렁거리다 붙잡히고 맙니다. 클로팽은 부랑자 중에서 그랭구아르와 결혼할 자가 나타나면, 그를 죽이지 않겠다고 합니다. 그러자 에스메랄다는 그의 목숨을 구하기 위해 나섭니다. 하지만 명목뿐인 결혼일 뿐, 에스메랄다 역시 페뷔스를 사랑하고 있었습니다.

한편, 페뷔스에게 사로잡힌 콰지모도는 사지가 묶인 채 광장의 한복판으로 나서게 됩니다. 사람을 납치하려 한 죄로 형

벌을 받게 된 콰지모도. 콰지모도는 물을 한 모금 달라고 애원하고, 군중 틈의 에스메랄다가 그에게 물을 건네줍니다.

이 사건을 계기로 콰지모도는 에스메랄다에게 애정을 느낍니다. 결국, 콰지모도와 프롤로, 페뷔스는 각자의 방식으로 에스메랄다를 염원하게 됩니다.

Le temps des cathédrales _대성당들의 시대

아름다운 도시 파리, 전능한 신의 시대
때는 1482년, 욕망과 사랑의 이야기

대성당들의 시대가 찾아 왔어
이제 세상은 새로운 천 년을 맞지
하늘 끝에 닿고 싶은 인간은
유리와 돌 위에 그들의 역사를 쓰지

Bohèmienne _보헤미안

엄마가 들려주던 얘기
그리운 그곳은 스페인
안달루시아 산과 그곳 사람들 얘기
고향과도 같은 그곳

맨발로 뛰어다니던 내 어린 시절의 프로방스

집시들의 여행길은 끝이 없고
방랑은 곧 나의 인생
이 땅의 모든 길 지나
세상 끝에 닿는 그날, 그날까지

그곳 안달루시아 그 강물은 내 몸을 흐르고
나의 안달루시아 언젠간 널 만나게 될까

보헤미안 나는 고향을 알지 못해
보헤미안 길 위에서 난 자랐지
보헤미안 보헤미안
결코 내일을 알 수 없어
보헤미안 보헤미안
거역할 수 없는 내 운명

La fête des fous _미치광이들의 축제

성당의 종지기 꼴사나운 꼽추
가장 추한 이름 그는 콰지모도
주제도 모르고 아아 에스메랄다
그녀의 이름을 꿈꾸네 그 천한 꿈속에

미치광이들의 교황님 미치광이들의 교황
그 이름은 콰지모도

La cour des miracles _기적의 궁전

어차피 우리 운명은 교수형
우리 거리에선 여기 이곳에선
기적의 궁전에선
기적의 궁전에선

모두가 똑같은 운명 정처 없는 방랑자들
우리에겐 종교도 나라도 없어
우리들 거리엔
누더기 깃발 아래 모습들이 달라도
우리는 하나

부랑자와 집시들의 노래가
우리 거리에선 여기 이곳에선
똑같은 운명 우린 도망자들
우리 거리에선 여기 이곳에선
살인자들과 도둑들도 형제
우리 거리에선 여기 이곳에선

Ma maison c'est ta maison _내 집은 그대의 집

내 집엔 언제나 맑은 날뿐이죠
추위와 더위를 피할 수 있죠
언제든 오세요 무슨 계절이든

그대가 원할 땐, 내 집은 그대의 집

Si tu pouvais voir en moi _내 마음을 볼 수 있다면

마음을 볼 수 있다면

오 나의 에스메랄다

알 수 있을 텐데

온 마음 다 바쳐 그댈 사랑하는 사람

나뿐이라는 것을

마침내 발 다무르 카바레에서 페뷔스와 에스메랄다가 만납니다. 발 다무르 카바레의 자극적인 조명과 노골적인 사랑의 춤이 모두의 눈길을 사로잡은 그 순간, 누군가 에스메랄다의 칼을 훔쳐 페뷔스를 찌르는 사건이 발생합니다. 에스메랄다는 살인 혐의를 받고 성당의 감옥에 갇힙니다. 클로팽을 비롯한 부랑자 무리까지 체포되어 투옥되었고, 에스메랄다는 재판을 받게 됩니다.

프롤로는 에스메랄다를 교수형에 처하라는 판결을 내립니다. 페뷔스는 죽지 않고 상처를 회복하여 약혼녀 플뢰르를 찾아가는데, 플뢰르는 에스메랄다가 처형당하지 않는다면 페뷔스와의 약혼을 파기하겠다고 합니다.

처형식에 앞서 프롤로는 에스메랄다를 찾아갑니다. 그리고

페뷔스를 찌른 사람이 자신이었으며, 에스메랄다를 사랑한다는 고백과 함께 자백합니다.

그러자 콰지모도가 에스메랄다를 구하기 위해 감옥에 갇혀 있던 부랑자들을 풀어줘 버립니다. 에스메랄다는 프롤로를 공격하는 부랑자들과 함께 도망가지만, 프롤로의 명령을 받은 군인들이 부랑자 무리를 파리에서 몰아냅니다.

결국 클로팽은 사망하고 에스메랄다는 군인들에게 다시 붙잡히고 맙니다. 페뷔스는 플뢰르와의 약속을 떠올리며 에스메랄다를 냉정하게 외면합니다.

Florence _피렌체

언제나 작은 것이 큰 것을 허물고
문학은 건축을 무너뜨리지
학교의 책들이 대성당을 허물고
성경은 교회를 인간들은 신을 무너뜨리리라

Les oiseaux qu'on met en cage _새장 속에 갇힌 새

새장 속에 갇혀버린 새 다시 날 수 있을까
버려진 아이가 다시 사랑할 수 있을까
난 한 마리 제비처럼 봄과 함께 찾아왔지
집시의 노랠 부르며 거릴 뛰어다녔지
어딘가로 떠났나요 그 멋진 군인과 함께

이교도들이 그러듯 결혼 예식도 없이
죽은 것은 아닌가요 기도와 꽃들도 없이
가까이 해선 안 돼요 절대 그 신부님을

당신이 묶여 있던 날 그들이 날 매단 그날
당신에게 물을 줬죠 난 잊을 수 없어요
그날 이후로 우리는 영원한 친구가 됐죠
무엇인지 모를 힘이 우릴 묶어 주었죠

Condamnés _죄인들

배척도 없고 가난도 국경도 없는
새로운 세상 내가 꿈꾸는 세상

Lune _달

달, 희미해지는 너는 듣고 있는가
지금 울려 퍼지는 그의 절규를
울부짖는 콰지모도 모든 세상을 넘어
그곳 하늘 끝까지 그의 서글픈 목소리가 닿으리
부디 그의 영혼에 이젠 위로의 손길을

달, 시인의 펜을 그댄 지켜주는 빛
보라 사랑의 고통을
사랑, 그 고통을

Dieu que le monde est injuste _불공평한 이 세상

밤이 되면 별빛을 받으며
성당 지붕을 산책하죠
낮엔 여기서 숨어 지낼게요
난 항상 깨어 있을 거예요

불공평한 이 세상 그와 난 너무 달라
저 달을 준대도 날 사랑하지 않겠죠
그는 그 어떤 말도 눈길도 주지 않고
그대 모든 사랑을 전부 가져갔는데
그의 거짓맹세는 그대 눈을 가리고
인생을 바치겠죠 그를 위해서라면

불공평한 이 세상 너무도 다른 운명
신이여 이 불행은 나의 잘못인가요
사랑하고 싸우고 타협한 그 일조차
너무 먼 나의 삶도 하지만 아름다워요
신은 어디 있나요 높은 교회인가요
간절히 기도하는 사람들 곁인가요
가난한 목자들의 초라한 경배보다
동방박사의 황금 주님도 사랑하나요

Vivre _살리라

자유, 내 삶을 선택할
그 어떤 비난도 금지도 없는
자유, 그 어떤 신도 나라도 필요 없어
자유로운 영혼

그대 위해 난 살겠어
사랑보다 더 큰 사랑
전부 아낌없이 주고 싶어
사랑, 밤이 낮을 사랑하듯
사랑, 죽는 그때까지 그 사랑 때문에

Danse mon Esmeralda _춤을 춰요, 나의 에스메랄다

많은 세월이 흐른 뒤 그들은 찾겠지
끌어안은 채 썩어간 두 사람의 뼈
슬픈 콰지모도 그가 에스메랄다를
얼마나 애타게 사랑했는지
저주받은 그 영혼이
어떻게 사랑했는지

춤을 춰요 에스메랄다
노래해요 에스메랄다
함께 갈 수 있다면 죽음도 두렵지 않아

부랑자의 무리가 파리에서 추방당하자, 콰지모도와 프롤로는 에스메랄다를 찾아 나섭니다. 에스메랄다는 노트르담 성당의 탑 꼭대기에 숨어 있었습니다. 그를 발견한 콰지모도는 에스메랄다를 살려달라고 프롤로에게 애원합니다.

하지만 프롤로는 자신의 고백을 받아주지 않은 에스메랄다를 떠올리며 비웃습니다. 이에 분노한 콰지모도는 프롤로를 탑 꼭대기에서 밀어버립니다. 프롤로는 사망하고, 에스메랄다 역시 처형당하며 숨을 거둡니다. 죽음 속에서도 에스메랄다를 사랑하겠다 노래하는 콰지모도를 마지막으로 이들의 이야기는 끝이 납니다.

에스메랄다의 안타까운 인생을 중심으로 한 이야기는 다른 세 주인공의 감정, 고뇌, 인생이 대성당의 시대와 얽혀 비극을 빚어냅니다. 그 속에서 인물들은 운명에 저항하기도 하고, 운명을 원망하기도 하고, 운명을 받아들이기도 합니다. 각자의 삶을 빛나게 하는, 가치 있는 무언가를 지켜내고자 분투하면서 말이죠.

빅토르 위고의 소설 「파리의 노트르담(Notre-Dame de Paris)」을 원작으로 하는 뮤지컬 〈노트르담 드 파리〉는 운명과 비극의 시대 속에서 몰아치는 감정을 웅장한 노래와 세밀한 연출로 표현하고 있습니다.

넘버

1막

Ouverture _서곡

Le temps des cathédrales _대성당들의 시대

Les sans-papiers _거리의 방랑자들

Intervention de Frollo _프롤로의 명령

Danse d'Esmeralda _에스메랄다의 춤

Bohèmienne _보헤미안

Esmeralda tu sais _에스메랄다, 너도

Ces diamants-là _다이아몬드

La fête des fous _미치광이들의 축제

Le Pape des fous _미치광이들의 교황

La sorcière _마녀

L'enfant trouvé _버려진 아이

Les portes de Paris _파리의 문들

Tentative d'enlèvement _납치 시도

La cour des miracles _기적의 궁전

Le mot Phœbus _페뷔스란 이름

Beau comme le soleil _태양처럼 눈 부신

Déchiré _괴로워

Anarkia _숙명

A boire _물을 주오

Belle _아름답다

Ma maison c'est ta maison _내 집은 그대의 집

Ave Maria païen _이방인의 아베 마리아

Si tu pouvais voir en moi _내 마음을 볼 수 있다면

Tu vas me détruire _파멸의 길로 나를

L'ombre _그림자

Le val d'amour _발 다무르 카바레

La volupté _사랑의 기쁨

Fatalité _숙명이여

2막

Florence _피렌체

Les Cloches _성당의 종들

Où est-elle? _그녀는 어디에

Les oiseaux qu'on met en cage _새장 속에 갇힌 새

Condamnés _죄인들

Le procès _재판

La torture _고문

Phœbus _페뷔스

Être prêtre et aimer une femme _신부가 되어 한 여자를 사랑한다는 것

La monture _말 탄 그대 모습

Je reviens vers toi _그대 곁으로 돌아가겠어

Visite de Frollo à Esmeralda _에스메랄다를 찾아간 프롤로

Un matin tu dansais _네가 춤추던 그 날 아침

Libérés _해방

Lune _달

Je te laisse un sifflet _그대에게 호각을 줄게요

Dieu que le monde est injuste _불공평한 이 세상

Vivre _살리라

L'attaque de Notre-Dame _노트르담 성당 습격

Déportés _추방

Mon maître, mon sauveur _나의 주인, 나의 구원자

Donnez-la moi _그녀를 내게 주오

Danse mon Esmeralda _춤을 춰요, 나의 에스메랄다

노트르담 드 파리의
대표넘버를 감상해보세요!

1-2

난 나만의 Dancing Queen!

: 맘마 미아!

이야기의 배경은 그리스의 작은 섬 '칼로카이리'. '소피'는 약혼자 '스카이'와의 결혼을 앞둔 예비 신부로 작은 호텔을 운영하는 엄마 '도나'와 단둘이서 살고 있었습니다.

소피에게는 결혼식 날 손을 잡아줄 아버지가 없었습니다. 소피는 우연히 찾은 엄마의 일기장에서 아빠로 추정되는 세 명의 남자를 발견합니다. 그리고는 설레는 마음으로 엄마 몰래 그들을 결혼식에 초대하죠.

뉴욕에 사는 건축가 '샘', 영국의 은행원 '해리', 스웨덴 출신의 여행 작가 '빌'. 세 사람은 소피의 초대를 받고 칼로카이리 섬에 방문합니다. 도나는 세 사람을 마주하고 당황하지만, 소피는 그들과 함께 시간을 보내며 아버지를 찾아내고자 합니다.

세 사람은 모두 진짜 아빠처럼 결혼을 축하해 주었습니다. 함께 기타를 치고, 노래를 부르면서 말이죠. 결국, 소피는 진짜 아빠를 알아볼 수 없었습니다. 도나조차 누가 소피의 진짜 아버지인지 알지 못했습니다. 두 친구를 불러 신나게 떠들고 침대 위를 방방 뛰며 대화도 나누어보았지만요.

결혼식 전날 밤, 신부 파티가 열립니다. 세 사람 모두가 자신이 소피의 아버지라고 확신하며 소피와 함께 결혼식장에 들어가려고 하자 혼란스러워하는 소피를 위해 도나는 결혼식을 취소하자고 합니다.

하지만 소피는 도나의 뜻을 이해하지 못하고 갈등하게 됩니다. 이때, 샘은 어린 나이에 결혼하는 소피를 염려하여 도나와 이야기를 나누게 됩니다. 대화를 통해 도나와 샘이 여전히 서로에게 마음이 남았다는 사실을 알게 되죠.

한편, 소피는 자신의 상황을 스카이에게 털어놓습니다. 하지만 스카이는 소피가 자신을 사랑하는 것이 아니라 가족 흉내를 내고 싶어서 결혼하려 한다고 오해하여 기분이 상해버립니다. 소피는 답답하고 혼란스러운 마음으로 도나에게 돌아가 웨딩드레스 입는 것을 도와달라고 부탁합니다.

도나는 소피가 웨딩드레스를 입는 것을 도와주며 딸의 어린 시절을 회상합니다. 그러면서 소피를 임신한 후에 가족들과 의절했던 과거까지 털어놓습니다. 깊은 이야기를 나눈 두 사람은 서로를 이해하고, 소피는 도나에게 자신을 결혼식장에 데리고 들어가 달라고 부탁합니다.

Honey, Honey _허니, 허니

당신의 소문을 들은 적 있어요

더 알고 싶었어요

이제는 알고 있어요

당신이 얼마나 사랑스러운지

잘자라는 당신의 키스에

날 껴안는 포옹에

그대가 나를 안을 때는

노래하고 싶은 기분이에요

당신의 소문을 들은 적 있어요

더 알고 싶었어요

이제는 당신이 내게 어떤 의미인지

확인할 때죠

Thank You for the Music _음악에 감사해

그래서 난 음악에 감사해요

내가 부르는 노래들에

노래가 준 즐거움에 감사해요

음악 없이 살 수 있나요?

솔직히 대답해 봐요

그러면 인생이 어떻게 될까요

노래나 춤이 없다면 우린 어떻게 될까요

난 걷기 전에 춤을 추었고
말하기 전에 노래를 불렀다고 엄마가 말했죠
나는 종종 궁금해져요
모든 게 어떻게 시작되었는지
무엇도 음악처럼 마음을 사로잡을 수 없다는 걸
누가 알았을까요
누가 알아냈든, 난 음악이 좋아요

Mamma Mia _맘마 미아
맘마 미아, 내가 다시 갈게요
어떻게 당신을 거부하겠어요
맘마 미아, 그렇게 티가 나나요
얼마나 당신을 그리워했는지

그래요, 가슴이 아팠어요
우리가 헤어진 뒤로 슬퍼했어요
왜 당신을 떠나 보냈을까요?
맘마 미아, 이젠 알겠어요
당신을 보내는 게 아니었어요

당신이 떠나갈 때, 문을 닫았을 때

난 당신이 그렇게
오래 떠나 있지 않을 거라 생각했어요
알잖아요, 내가 그렇게 강하지 않다는 걸

맘마 미아, 내가 이렇게 말하더라도
안녕, 나를 떠나지 말아요
맘마 미아, 이건 우리의 게임이에요
안녕은 영원한 이별이 아니에요

Chiquitita _치키티타

치키티타, 사실을 말해 주렴
내 어깨에 기대 울어봐
네가 의지할 단 하나의 친구인 나에게

치키티타, 우린 알고 있잖아
마음의 아픔이 어떻게 왔다 가는지
그리고 아픔이 남기는 마음의 상처를
넌 다시 춤을 춰야 해
그리고 아픔을 끝내야 해
넌 슬퍼할 시간이 없어

치키티타, 우린 울고 있지만
태양은 하늘 위에서 우릴 비추고 있어

다시 한번 네 노래를 나에게 들려줘

새로운 노래를 불러줘, 치키티타

Dancing Queen _댄싱 퀸

누구든 될 수 있지

밤은 아직 이르고 음악소리는 높으니

록 멜로디 조금이면 모든 게 나아질 거야

춤추고 싶은 기분일 걸

네가 기회를 잡는다면

네가 바로 댄싱 퀸이 되는 거야

어리고 사랑스러운 열일곱

댄싱 퀸

탬버린 소리를 느껴 봐

Lay All Your Love on Me _네 모든 사랑을 줘

난 두려움을 느껴

네가 내 주위에 없을 땐

만족스럽지 않아

나의 자존심도 접어두고

이렇게 빌어

내 사랑

너의 감정을 낭비하지 마

네 사랑을 모두 내게 줘

네 헌신을 나누지 말고

네 사랑을 모두 내게 줘

Super Trouper _슈퍼 트루퍼

오늘 밤 무대 위에선 많은 게 다를 거예요

오늘 밤 스타를 위한 무대 조명이 날 비출 거예요

마치 태양처럼 빛나며

웃고 즐거워하며 최고가 된 기분을 느끼겠죠

오늘 밤 스타를 위한 무대 조명은 눈부시겠지만

평소처럼 우울하지 않을 거예요

사람들 속 어딘가에 당신이 있으니까요

스타를 위한 조명이 날 눈 부시게 하겠죠

Gimme! Gimme! Gimme! _이리 줘!

자정이 지나면 내게 누군가를 보내주세요

누군가 날 도와 이 어둠을 쫓아 버리도록

자정이 지나면 내게 누군가를 보내주세요

어둠을 지나 찾아올 새벽까지 함께 있어 줘요

영화배우들의 결말에서는

승리의 행운인 무지개를 찾죠
하지만 그건 내가 사는 세상과는 너무 달라요
난 TV에 질려버려서
창문을 열고 어둠 속을 바라봐요

Voulez-Vous _당신은 원하나요?

Voulez-Vous (당신은 원하나요?)
지금 하든지 아니면 떠나든지
우리가 얻는 것은 지금 이 순간
아무것도 약속할 수도, 후회할 수도 없죠

Voulez-Vous (당신은 원하나요?)
큰 결심이 필요한 일은 아냐
알잖아 무엇을 해야 하는지
네가 원하는지, 그게 질문이야

드디어 시작된 결혼식. 소피는 도나와 함께 밴드 연주 속에서 결혼식장으로 걸어가고, 이곳에 자신의 아버지가 와 있다고 말합니다. 당연히 세 사람은 모두 자신이 아버지라고 주장합니다. 약간의 혼란이 일어나 결혼식은 잠시 중단됩니다.

도나가 세 사람 중 누구도 소피의 아버지가 될 수 있다고 말하자, 세 사람 역시 친자 확인을 하는 대신 각자 소피의 아버지가 되어주기로 합니다. 그리고 여전히 도나를 사랑하고 있던 샘이 도나에게 청혼하고, 도나는 샘의 청혼을 받아들입니다.

Knowing Me, Knowing You _너는 나를 알고, 나는 너를 알고

당신도 나도 잘 알아요
우리가 할 수 있는 일은 없어요
당신도 나도 잘 알아요
이젠 부딪혀 봐야 해요

추억들, 좋았던 날들, 나빴던 날들
언제까지나 잊지 않을게요

이번엔 끝이에요
헤어지는 건 쉬운 일이 아니란 걸 알지만
난 가야겠어요
당신도 나도 잘 알 듯
이게 최선이에요

Our Last Summer _우리의 마지막 여름

난 여전히 기억해요 우리의 지난 여름
난 아직 볼 수 있어요

센느 강을 따라 걷고 빗속에서 웃었던

우리의 지난여름

남아 있는 기억들

그 광란의 시절들, 그때는 사랑과 평화의 시간

하지만 내면에는 빠르게 나이 들어가는 두려움이 있었지

천천히 죽어가는 것에 대한 두려움

우리에겐 기회가 있었어

마치 우리가 마지막으로 춤을 추는 것처럼

The Winner Takes it All _승자가 모든 걸 가져간다

우리가 겪어 왔던 일들을

얘기하고 싶지 않아요

가슴 아픈 기억이지만

이제 모두 지난 일일 뿐이에요

하지만 규칙을 지킨 내가 바보였어요

주사위를 던지는 신의 마음은

마치 얼음처럼 냉정하죠

그리고 하늘 아래에서는

누군가는 패배하고 승자가 모든 걸 독차지하죠

Take a Chance on Me _내게 기회를 줘

갈 곳이 없고 우울하다면
새들이 날아가 버리고
완전히 혼자 남아 외롭다고 느낀다면
여전히 나 한가해요
나에게 기회를 줘요

지금 하나 말할게요
힘든 일도 견딜 만큼 내 사랑은 강해요
마치 마법과 같죠
시간 낭비라고 했지만
난 당신을 잊지 못해요
포기할 수 없어요
당신을 많이 사랑하니까요

우린 함께 춤을 추거나 산책을 할 수 있어요
우린 함께 노래를 듣거나
그냥 대화를 나눌 수도 있겠죠
당신도 알고 있잖아요
내가 하고 싶은 게 얼마나 많은지요

I Do, I Do, I Do, I Do, I Do _전 정말로 그래요

외로운 과거를 보내는 동안 꿈꿔왔어요

지금 이루었죠, 겨우 당신을 찾아냈어요

그러니 이리 와서 도전해 봐요
사랑해요, 부정할 수 없어요
사실이니까요
정말, 정말 사랑하니까요

I Have a Dream _나에겐 꿈이 있어요

나에겐 꿈이 있어요, 부를 노래가 있어요
무슨 일이든 극복할 수 있어요
당신의 삶에서 동화 같은 기적을 발견한다면
실패하더라도 미래로 나아갈 수 있죠

난 천사를 믿어요
모든 일에 좋은 점이 있다는 것을 믿어요
난 천사를 믿어요
나를 위한 시간이 오면
강을 건너갈 거예요, 내겐 꿈이 있으니까

나에겐 꿈이 있어요, 환상이 있어요
현실을 헤쳐나가게 도와줘요
그리고 나에겐 목표가 있어요
어둠을 헤치고 한 발 나아갈 수 있는 목표가

Waterloo _워털루

나폴레옹은 워털루에서 항복했죠
그리고 난 비슷한 나의 운명을 만났죠
책장에나 있을 역사 이야기가
나에게 다시 일어나고 있어요

당신을 이겨보려 했지만 당신은 너무 강해요
이제는 싸움을 포기할 수밖에 없어요
내가 어떻게 당신을 거절하겠어요
당신에게 져야 이긴 기분이 드는걸요

워털루, 당신이 이겼고 난 졌어요
워털루, 당신을 영원히 사랑한다고 약속해요
워털루, 당신에게서 빠져나갈 수 없어요
워털루, 당신과 함께하는 게 나의 운명이에요
워털루, 마침내 나의 워털루를 만났죠

소피는 그들의 모습을 지켜보며 무언가 깨닫습니다. 진짜 아빠보다도 중요한 건 '자신이 무엇을 원하는지'와 '자신을 사랑하는 사람들'이라는 사실을요.

결국, 소피는 지금 당장 결혼하기보단 이 섬이 아닌 다른 세계로 떠나기로 결정하죠. 결혼식을 취소한 소피는 스카이에게 함께 세계 여행을 떠나자고 합니다.

결혼식의 주인공이 소피와 스카이에서 도나와 샘으로 바뀝니다. 그리고 이들은 각자 자신이 바라는 미래를 향해 나아갑니다.

로맨스, 모녀간의 사랑, 추억, 생활, 과거 속에서 자신을 찾아가는 소피와 도나의 이야기. '맘마 미아(Mamma Mia)'는 '어머니'와 유사한 어감의 감탄사로, 스웨덴 팝 그룹 'ABBA'의 곡으로 구성된 이 뮤지컬은 폭넓은 공감대를 형성하며 오랫동안 사랑받고 있습니다. 특히 관객들의 마음을 깊이 파고드는 아련하고 따뜻한 추억은 〈맘마 미아!〉를 관객과 가까운 뮤지컬로 만들어 주었습니다.

또한, 세심하게 구성된 조명을 활용하여 극의 분위기를 살리고 개성 있으면서도 낯설지 않게 귓가에 맴도는 흥겨운 ABBA의 음악으로 더욱 즐거운 경험을 선물합니다. 과거를 긍정하며 밝은 미래로 한 걸음 나아가려는 순간을 함께한 관객들 역시 미래를 향해 한층 성장해 있을지 모릅니다.

넘버

1막

Ouverture _서곡

Prologue _프롤로그

Honey, Honey _허니, 허니

Money, Money, Money _돈, 돈, 돈!

Thank You for the Music _음악에 감사해

Mamma Mia _맘마 미아

Chiquitita _치키티타

Dancing Queen _댄싱 퀸

Lay All Your Love on Me _네 모든 사랑을 줘

Super Trouper _슈퍼 트루퍼

Gimme! Gimme! Gimme! _이리 줘!

The Name of the Game _게임의 이름

Voulez-Vous _당신은 원하나요?

2막

Entr'acte _서곡

Under Attack _공격 중

One of Us _우리 중 하나

S.O.S. _S.O.S.

Does Your Mother Know _너희 어머니는 아시니?

Knowing Me, Knowing You _너는 나를 알고, 나는 너를 알고

Our Last Summer _우리의 마지막 여름

Slipping Through My Fingers _내 손가락 사이로 미끄러지듯

The Winner Takes it All _승자가 모든 걸 가져간다

Take a Chance on Me _내게 기회를 줘

I Do, I Do, I Do, I Do, I Do _전 정말로 그래요

I Have a Dream _나에겐 꿈이 있어요

Mamma Mia (Reprise) _맘마 미아 (반복)

Dancing Queen (Reprise) _댄싱 퀸 (반복)

Waterloo _워털루

맘마 미아!의
대표넘버를 감상해보세요!

1-3

날 찾아줄 사람 없나요?

: 디어 에반 핸슨

음악계에 그래미상이, 영화계에 오스카상이 있다면 연극계에는 토니상이 있습니다. 제71회 토니상에서 9개 부문에 노미네이트되었을 뿐만 아니라, 최고의 뮤지컬상을 포함하여 6개 부문을 석권한 뮤지컬이 있습니다. 바로 〈디어 에반 핸슨〉입니다.

이처럼 〈디어 에반 핸슨〉은 지금 브로드웨이가 가장 열광하는 작품 중 하나입니다. 우리나라에는 영화 〈라라랜드〉로 잘 알려진 파섹 앤 폴이 작사·작곡을 맡고, 마이클 그라이프의 연출로 완성된 뮤지컬입니다.

〈디어 에반 핸슨〉의 주인공 '에반 핸슨'은 사회 불안 장애를 앓고 있는 17세 소년입니다. 그는 여름방학에 나무에서 떨어져 깁스하게 되었습니다. 어머니는 깁스에 낙서해달라 부탁하며 친구를 사귀라고 조언합니다.

하지만 에반의 친구들은 깁스에 낙서를 해 주지 않습니다. 아무리 손을 흔들어도 사람들이 자신을 스쳐 지나가기만 하자, 실망한 에반은 외로움이 담긴 편지를 쓰기 시작합니다. "매일 자신에게 편지를 쓰라."는 의사의 과제 때문이죠.

때마침 그를 발견한 '코너'는 아무도 낙서하지 않은 깁스에 낙서를 해 주지만, 에반의 편지를 보곤 화를 내며 편지를 빼앗아 가버립니다. 에반의 편지에는 그가 짝사랑하는 '조이'에 대한 내용이 있었는데, 조이는 코너의 여동생이었기 때문입니다.

며칠 후, 에반은 코너의 부모님으로부터 갑작스러운 코너의 자살 소식을 듣습니다. 그들은 코너가 빼앗아 간 에반의 편지를 코너가 에반에게 남긴 유서로 착각합니다. 그리고 그 둘이 친구였다고 오해하여 아들에 대해 더 많은 이야기를 들려달라며, 에반을 저녁식사에 초대합니다.

코너의 어머니가 슬퍼하는 모습에 에반은 사실대로 말하지 못합니다. 둘러대기 시작한 거짓말은 점점 불어나죠. 그의 말 속에서 코너는 온종일 에반과 함께 지내며, 에반의 팔이 부러진 날에는 과수원에 가고, 비밀 이메일을 주고받기도 했습니다.

계속되는 거짓말에 괴로워하는 에반에게 어느 날, 코너의 영혼이 나타납니다. 코너의 영혼은 자신의 죽음이 의미 있는 일이 되기를 바랐습니다.

Anybody Have a Map _누구 지도 있는 사람 없나요?

누구 지도 있는 사람 없나요?

도대체 이런 걸 어떻게 하는 건지

마침 아는 사람 없나요?

For Forever _영원히

우리는 잠시 걸으며 이야기했어요

학교를 졸업하면 무엇을 할 건지

자전거를 타고 애팔래치아 산책로를 달리거나

책을 쓰거나 항해하는 법을 배우거나

그런 것들, 멋지지 않나요?

우리가 볼 수 있는 것은 영원히 빛뿐이었어요

태양이 밝게 영원히 빛나고 있었으니까요

영원히 그렇게 있어도 괜찮을 것처럼요

완벽한 날의 두 친구였어요

Sincerely, Me _진심을 다해

필요한 건 아주 조금의 변화야

네가 관심을 가진다면 쉽게 바뀔 수 있어

네가 해야 할 일은

바라는 대로 변할 수 있다는 사실을 믿는 거야

진심을 담아

Requiem _레퀴엠

내 방에 숨어서 웅크리고 있을 수도 있어
침대에 앉아 내일까지 울고 있을 수도 있지
우울함에 모든 것을 내던져버릴 수도 있어
하지만, 대체 무엇을 위해 그래야 해?

왜 내가 슬픈 모습을 연기하고
네가 그립다고 말하며
네가 없는 세상은 빛을 잃었다고 거짓말을 해야 해?
널 위한 진혼곡을 오늘 밤에는 부르지 않을래

난 네게 세상을 주었지만 너는 그것을 거부했어
부서진 조각들을 남겨둔 채 가버렸지
모든 것이 버려졌고, 할 수 있는 말도 없어
그러니 나는 레퀴엠을 부를 수 없어

악당이 쓰러져도 왕국은 절대 울지 않아
아무도 추모의 촛불을 켜지 않아
아무도, 누구도 애도하지 않아
그들이 깊은 잠에 빠지더라도

Disappear _사라지다

누구도 잊혀선 안 돼

사라져 버려선 안 돼
아무도 그저 의미 없이
왔다 가는 게 아니야

아무도 없는 숲속에 혼자 남겨져도
누군가 나를 찾아준다면
날 찾아줄 사람 하나만 있다면

그래서 에반은 '알라나'와 함께 "코너 프로젝트"를 시작하게 됩니다. 코너와 같은 이들이 잊히지 않기 위한 프로젝트를요.

코너 프로젝트는 성공적으로 퍼져나갔습니다. 3주 동안 자그마치 5만 달러를 모아 코너를 위한 과수원을 열어줄 수 있을 정도로요.

하지만 에반은 조이와의 관계가 발전하면서 점차 코너 프로젝트를 등한시합니다. 설상가상으로 코너의 가족들과 유대감이 깊어지면서 에반의 가족, 어머니와의 관계도 불안해집니다.

그 사이 알라나는 에반과 코너 사이의 관계에 모순이 있음을 발견하여 에반을 의심하기 시작합니다. 자신의 거짓을 모두 감당하지 못한 에반은 모두에게 진실을 밝히고 사과하기로 마음먹습니다. 동시에 어머니에게도 자신이 겪은 아픔을 털어놓고요.

에반은 코너가 좋아했던 책을 읽으며 진심으로 그에 대해 알아가기 시작하고, 조이와 코너의 가족들은 에반을 용서합니다. 그리고 코너 프로젝트로 마련했던 과수원을 에반에게 다시 한번 보여주게 됩니다.

에반은 과거를 회상하고 자신이 사회에 미친 영향을 되새기며, 자신을 온전히 받아들이기 위한 마지막 편지를 씁니다.

To Break In a Glove _글러브 길들이기

만약 이 방법이 쉽지 않더라도
네가 쏟은 모든 시간들이 보답할 거야
그저 약간의 인내가 필요할 뿐이야
약간의 시간이 필요할 뿐이고

You Will Be Found _우리가 당신을 찾을 거예요

아무도 없다는 느낌을 받은 적 있나요
사람들에게 잊힌 것 같은 기분을 느낀 적 있나요
사라질 것만 같은 기분을 느낀 적 있나요
내가 떨어진다고 해도 아무도 날
듣지 않는 것처럼 말이에요

어둠이 강하게 밀려올 때에도

당신을 일으켜줄 친구가 필요할 때에도

당신이 땅 위에 넘어졌을 때에도

우리가 당신을 찾아낼게요

그러니 저 해가 비출 수 있게 해 줘요

당신은 손을 뻗어 다시 일어날 수 있으니까요

고개를 들어 주변을 둘러봐요

우리가 당신을 찾아낼게요

어둠에서 벗어나면

아침이 밝아올 거예요

그러면 모든 것은 새롭겠죠

공허함을 채워주고

그때 난 알게 되었어요

모든 게 새롭다는 걸

새로울 거라는 걸

So Big/So Small _너무 크고 너무 작아

무슨 일이 있더라도 여기 있을게

모든 게 너무나 크게 느껴질 때

모든 것이 작게 느껴질 때까지

〈디어 에반 핸슨〉의 이야기는 여기에서 끝이 납니다. 에반 핸슨의 코너 프로젝트는 빛나는 인생의 가치를 말합니다. 누구나 어느 순간에는 잊히게 될 운명에 놓여 있지만, 누구의 삶이든 무엇 하나 쉽게 스러져서는 안 된다고요. 그러니 당신을 위로해 주겠다고 노래합니다.

또, 에반 핸슨이라는 소년의 이야기는 우리에게 희망과 성장에 대한 메시지를 전하기도 합니다. 많은 것을 잃고 갖지 못한 것을 그리워하게 되는 어린 마음은 원하는 상상이 현실로 다가오는 순간, 그것을 외면하기 어렵습니다. 거짓과 진실에 대한 구분이나 옳고 그름에 대한 분별보다는 조금 더 사랑받고 편안하고 싶은 바람을 내세우고 싶게 됩니다.

하지만 그 속에서 진실을 마주하고 옳은 것을 선택하며 에반 핸슨은 성장해 나갔습니다. 그의 이야기를 접한 관객들은 한층 더 성장하기도 하고, 이미 지나온 성장의 순간을 되새기기도 하며, 아직 성장하지 못한 누군가를 더욱 너그러운 시선으로 바라볼 수 있게 될 것입니다.

넘버

1막

Anybody Have a Map _누구 지도 있는 사람 없나요?

Waving Through a Window _창문 너머로

For Forever _영원히

Sincerely, Me _진심을 다해

Requiem _레퀴엠

If I Could Tell Her _그녀에게 말할 수 있다면

Disappear _사라지다

You Will Be Found _우리가 당신을 찾을 거예요

2막

Sincerely, Me (Reprise) _진심을 다해 (반복)

To Break In a Glove _글러브 길들이기

Only Us _오직 우리에게

Good For You _잘 됐네요!

You Will Be Found (Reprise) _우리가 당신을 찾을 거예요 (반복)

Words Fail _말문이 막히다

So Big/So Small _너무 크고 너무 작아

Finale _피날레

디어 에반 핸슨의
대표넘버를 감상해보세요!

1-4

항상 나 스스로 춤추기를

: 빌리 엘리어트

뮤지컬 〈빌리 엘리어트〉는 스티븐 돌드리가 감독을 맡아 2000년에 극장가에 선보인 동명의 영화를 원작으로 한 영국의 뮤지컬입니다. 타이틀 롤(title role)인 빌리 엘리어트의 아역 오디션에 항상 관심이 쏟아지는 극이기도 합니다.

이 뮤지컬은 1980년, 광부 대파업의 시기를 맞은 영국 북부 탄광촌 출신의 소년 '빌리'가 발레를 향해 꿈을 펼쳐가는 여정을 그립니다.

빌리는 평범한 11세 소년으로 어린 시절 어머니를 잃고 광부인 아버지와 형 토니, 치매를 앓는 할머니와 함께 살아가고 있었습니다.

오랜 파업으로 임금을 받지 못해 어려워진 가정 형편이지만, 아버지는 아이를 강하게 기르기 위해 권투 수업을 받게 합니다. 하지만 빌리는 마침 같은 체육관에서 여자아이들을 위해 진행되던 발레 수업이 더 끌립니다.

당시는 보수적인 1980년대로, "발레는 여자들이 하는 일"이라는 편견이 뿌리 깊게 자리하고 있었습니다.

빌리는 아버지에게 권투 수업을 위해 받은 돈으로 몰래 발레 수업을 듣습니다. 그 사실을 아버지에게 들키고는 춤추는 일을 금지당하죠. 하지만 발레 교사 '윌킨슨' 선생은 빌리의 재능을 알아보고 비밀스러운 레슨을 이어갑니다. 또, 빌리에게 런던의 로얄 발레 스쿨 오디션을 제안하여 함께 안무를 개발하기도 합니다.

가족들의 반대에 부딪힌 빌리는 결국 오디션에 참가하지 못합니다. 실패와 좌절을 겪은 빌리는 1년간 발레를 그만둡니다. 하지만 크리스마스를 앞두고 체육관에 혼자 남겨지게 되자 〈백조의 호수〉에 맞춰 다시 춤을 추기 시작합니다. 만약 자신이 무용수가 된다면 어떨까, 깊이 상상하면서 말이죠.

빌리의 간절함이 담긴 춤을 본 아버지는, 윌킨슨 선생을 찾아가 빌리의 장래에 대해 진지하게 상의합니다.

The Stars Look Down _내려다보는 별

상처투성이 손, 먼지로 가득 찬 폐

무너질 듯한 마음에도 믿음을 저버리지 않아

모든 고통과 허기, 칼과 화살에 맞서 싸워

자랑스러운 삶의 희망을 잃지 않아

서리, 우박, 폭설 속에서 우리는 함께 서 있으며

별들은 우리의 구원이야

Shine _빛나다

네 팔을 쭉 뻗어 라인을 만들어 봐

최소한 잘하는 척이라도 해 봐

빛난다면 박수를 받을 거야

멋진 척하면 멋져지는 무대

Solidarity _연대

걱정할 거 없어, 우린 서로 하나잖아

연대해야 해 영원히

우리는 하나 우리는 하나

연대해야 해 영원히

우린 자랑스러운 노동 계급

연대해야 해 영원히

Expressing Yourself _너 자신을 표현해

분위기 좀 띄우면 뭐 잘못되나

레이스 옷 입는다고 뭐 큰일 나나

귀걸이 달고 화장하고 힐 신으면

또다시 태어난듯한 기분일걸

문제없어 너를 표현해봐 니 모습 그대로

치마를 입으면 뭐가 큰일 나나 볼터치하면 누가 뭐라 하나

새로운 패션 시작해봐 남들과 다른 풍경

남들과 다르게 표현하는 거야 나는 나 너는 너

문제없어 치마를 걸쳐 너를 다 표현해봐

사람들 시선 신경쓰지 마 쓸데없는 걱정 집어치워

새로운 패션 시작해봐

남들과 다르게 표현하는 거야 자유를 위하여

춤을 추고 싶으면 춤 춰

광부되고 싶으면 되고

남들과 같은 옷 입는대도 괜찮아

이상한 게 아냐 어렵지 않아 그냥 해봐 재밌잖아

관심 없어 따분한 너희들 너희도 관심 좀 꺼

춤을 추고 싶으면 춤 춰

광부되고 싶으면 되고

사람들은 하나 하나 서로 달라

모두 다 아는 사실

이 세상은 너무나 재미없지

우리에게 필요한 건 개성

The Letter (Mum's Letter) _편지(엄마의 편지)

한가지는 약속해 주렴, 빌리

네가 하는 모든 일에서

너 스스로이기를, 빌리

그리고 늘 진실하기를

그러나 빌리에게는 가난이라는 벽이 남아 있었습니다. 광부 조합, 노동자들의 자존심을 위한 파업 중이었던 아버지는 발레 스쿨의 수업료를 감당할 수 없었습니다. 결국 아버지는 빌리를 지원하기 위해 파업을 중단하고, 형 토니는 그런 아버지의 모습에 분노합니다. 어린 빌리의 꿈과 광부 조합의 미래 사이, 형과 아버지의 의견은 좀처럼 좁혀지지 않을 것만 같습니다.

아버지는 갈등과 고뇌 속에서도 빌리를 돕기로 한 결심을 굽히지 않고, 빌리와 함께 로얄 발레 스쿨 오디션장으로 향합니다. 하지만 고상한 분위기의 엘리트 사이에서 잔뜩 긴장하고 기가 죽은 빌리.

결국 오디션을 훌륭하게 해내지 못하고 설상가상으로 한 소년과 싸움까지 벌입니다. 그러나 윌킨스 선생의 편지와 오롯이 감정을 담아낸 빌리의 춤은 통했습니다. 빌리는 오디션에 합격하여 탄광촌을 떠나게 됩니다.

He Could be a Star _스타가 될 수 있어

저 밖에선 빛날지도 모르잖아

그 누구보다 더 밝게 아무도 대신 할 수 없는 일

나 밖엔 해 줄 수 없는 일

빛이 날 수 있도록 시간낭비 안 하게

그 꿈 이룰 수 있게 만들자 그 아이를 위한 일이야

저 밖에선 빛날거야 여길 떠나면

(우린 역사를 위해 권리를 위해)

빌리가 원하는 인생을 우리 손으로 지켜내야 해

빛나는 내일 위해 놓지 말자 이 순간

자랑스런 우리 삶이여 자랑스런 우리 삶이여

우린 항상 함께하리 어둠 속 폭풍에도

서로 어깨를 맞대고 이겨내리

Electricity _열광

설명할 수 없어요. 잘 모르겠어요

이 느낌은 말로 설명할 수 없어요

나를 잃어버린 기분

뭔지 몰라도 그 순간 나는 완전해져요

내 귓가에 음악이 들려오고

음악을 따라가다 보면
나는 또 사라져

짜릿한 그 느낌 불꽃이 튀듯이
전기가 흘러 나는 자유를 얻죠

Shine _빛나다
크든 작든 상관없어
뚱뚱하든 짧든 길든
심지어 네가 춤을 추지 못하더라도
너는 빛나기만 하면 돼

삶이 엉망진창이라도 상관없어
모든 과정이 괜찮아질 거야
항상 그렇게 노력하면 돼
너는 빛나기만 하면 돼

우리는 탄광촌의 잿더미를 벗어나 꿈을 향하는 빌리의 여정에 놓인 벽을 알고 있습니다. 하지만 빌리에게는 긴 시간 맞서는 동안 마음을 지탱해 줄 가족과 고향이 있으며, 발레를 향한 진실한 열정이 있습니다. 빌리는 앞으로도 당연하다는 듯 자신을 가로막는 벽을 극복해 나갈 것입니다.

〈빌리 엘리어트〉는 과거와 미래의 극심한 대비를 보여줍니다. 극 중에는 희망의 가능성을 품은 아이와 실패한 투쟁의 패배감에 멈춰선 마을, 꿈을 향해 날아오르는 빌리와 가족들의 지지 혹은 희생, 높게 도약하는 발레리노의 모습과 지하의 탄광으로 내려가는 광부들의 모습이 대비되는 모순적인 모습이 아름답게 녹아 있습니다.

마을의 연대와 지지에서 비롯된 어린 빌리의 도약은 관객들이 과거와 현재의 희생으로 빚어낸 꿈과 미래를 되새기도록 합니다. 화려하거나 과감하거나 거창한 대신 선명하고 간절한 빛을 품은 이야기 역시 관객들에게 벅찬 아름다움과 감동을 선사한다는 찬사를 받고 있습니다.

넘버

1막

The Stars Look Down _내려다보는 별

Shine _빛나다

Grandma's Song _할머니의 노래

Solidarity _연대

Expressing Yourself _너 자신을 표현해

The Letter (Mum's Letter) _편지 (엄마의 편지)

Born to Boogie _춤추기 위해 태어났다

Angry Dance _앵그리 댄스

2막

Merry Christmas, Maggie Thatcher _메리 크리스마스, 마가렛 대처

Deep into the Ground _땅속 깊이

Swan Lake _백조의 호수

He Could be a Star _스타가 될 수 있어

Electricity _열광

Once We Were Kings _우리는 한때 왕이었어!

The Letter - Billy's Reply (Reprise) _편지 - 빌리의 답장 (반복)

Finale _피날레

빌리 엘리어트의
대표넘버를 감상해보세요!

1-5

먼지 같은 삶에서 깨어나라!

: 뉴시즈

'뉴시즈(Newsies)'는 신문을 팔아 생계를 유지하는 아이들, 즉 신문팔이 소년들을 뜻합니다. 〈뉴시즈〉는 1899년에 일어난 뉴시즈들의 파업 사건을 소재로 한 뮤지컬 영화 〈뉴스보이〉(1992)를 원작으로 합니다. 2012년 제66회 토니상과 드라마데스어워드에서 각각 8개, 6개 부문의 후보로 선정되며 저력을 보여주기도 한 작품입니다.

이 뮤지컬은 19세기 말 뉴욕에서 시작됩니다. 신문팔이 소년 '잭 켈리'는 친구 '크러치'와 뉴욕을 떠나 산타페로 떠나는 꿈을 이야기합니다. 그리고 팔아야 할 신문을 사러 가는 길에 '데이비'와 그의 동생 '레즈'를 만나게 됩니다.

아이들은 가난하고 고되더라도 서로를 도와가며 열심히 일합니다. 하지만 '더 월드' 신문사의 사장 '퓰리처'는 뉴시즈들에게 공급하는 신문의 가격을 올려버립니다. 소비자들이

구매하는 신문의 가격은 유지한 채 말이죠. 이에 아이들은 생계와 직업이 위태로운 상황에 놓이게 됩니다.

뉴시즈 소년들은 파업을 위해 시위대를 결성합니다. 연설에 익숙하지 않은 잭이 어려움을 겪자, 데이비가 나서서 뉴시즈 소년들을 결집합니다.

이들의 단결에도 불구하고 파업은 경찰들에 의해 무산되고 크러치는 체포되어 소년원에 가게 됩니다. 그러나 파업이 일어나기 전날, 똑똑하고 정의로운 '캐서린'은 뉴시즈 소년들의 파업을 보도하기로 결심했죠.

실망한 소년들에게 캐서린은 뉴시즈의 파업 기사가 헤드라인에 실렸다는 소식을 알리며 응원합니다. 그들의 파업 소식은 널리 퍼져 지지를 얻습니다.

Santa Fe (Prologue) _산타페(프롤로그)

넌 커다란 도시에서 작은 삶을 살아
난 작은 마을에서 큰 삶을 살 거야

산타페, 널 그려
우릴 짓밟는 놈 없고
비참하고 서러운 밤도 없어
사람답게 사는 인생

나도 느끼고 싶어

알지, 우린 가족이야
혼자가 아냐, 절대
좀만 버텨
조금만 더 산타페

The World Will Know _세상을 향해

세상이 알 수 있도록
우리는 해내고 있어
우리의 권리를 되찾거나
그렇지 않으면 맞서 싸워야 해

꽉 막힌 사상
웃기는 진상
더 이상은 봐주지 않겠어
권리를 위해

Watch What Happens _두려워하지 마

끝도 없지 뒷담화 속의 또 뒷담화
수많은 아이들 착취와 억압 속에
자, 걱정 마
칼보다 강한 펜의 힘을 느껴 봐

이 땅의 낮은 자의 목소리
그 외침을 들려주겠어
살아 숨 쉬는 역사의 주인공
뜨거운 순간 보여주겠어

펜 한 자루와 카메라를 들고
싸운 여기자
또 소녀들은 전설이 될 거야
두고 봐

이제는 찬란히 빛날
새로운 시대를 보여주겠어
목숨을 걸고 거인과 맞서 싸우는
전투 차마 못 보겠어

어차피 사고 치려면 제대로 쳐야지
더 이상 당할 수는 없으니
감이 왔어 이길 듯한 이 느낌
두려워하지 마! 시작해!

하지만 캐서린이 퓰리처의 딸이었다는 사실과 과거에 잭이 옷과 음식을 훔쳐 구속되었던 일이 밝혀지며 두 사람은 갈등을 겪게 됩니다. 게다가 퓰리처는 잭에게 산타페로 떠날 돈과 자유를 주는 대신 파업을 그만두라고 제안합니다.

잭은 뉴시즈 소년들이 더 이상 위험을 겪지 않기를 바랐기에 퓰리처의 제안을 받아들이죠. 하지만 뉴시즈 소년들은 잭의 선택에 실망하여 등을 돌립니다.

그 사이, 다시 만난 캐서린과 잭은 캐서린이 언제나 잭의 편이었으며, 잭은 학대받는 소년원 아이들을 위해 도둑질을 했다는 사실을 확인하며 서로를 이해하게 됩니다. 두 사람은 다시금 뉴시즈 소년들과 단결하여 그들의 파업을 알리는 신문을 제작합니다.

거대하게만 보였던 신문사들은 끝내 소년들에게 백기를 들죠. 마침내 크러치가 돌아오고 잭은 산타페로 떠날 계획을 세웁니다. 하지만 캐서린과 잭이 서로 함께하길 바라는 마음을 확인하면서, 잭은 뉴시즈 소년으로 뉴욕에 남기로 합니다.

Santa Fe _산타페

멀리 떠나게 해 줘

아무도 나를 찾지 못할 곳으로

오늘의 아픈 시간을 떠올리지 않도록

마침내 도시는 잠에 빠지고

달빛이 희게 빛바래고

난 기차를 타고 떠날 거야 산타페

Carrying the Banner _깃발을 가져와

오늘도 간다 세상 끝이 어딘지 보자

우리의 인생 이 정도면 나쁘지 않아

오늘 목표 일단 골라잡아

어떻게든 팔아 경쟁자는 밟아

우린 간다 최신 뉴스 들고

찾아간다 멋진 소식 안고

진짜 간다 멋진 소식 안고

Seize the Day _기회를 잡아라

약한 마음에 용기를

두려워 말고 희망을

힘과 권력도 어떤 고난도

버텨낼 거야!

거친 비바람 쳐도 서로를 믿으며

작지만 강한 불꽃이 되어

함께할 수 없어 등 돌린다 해도

형제의 맹세 지켜내겠다고

오늘을 위해 일어나

오늘을 힘껏 잡아 봐

Something to Believe in _믿음

너라는 한 사람

참 다행이야

단 하루뿐이라도

난 괜찮아, 괜찮아

모든 게 사라져도

이 맘 간직할게

믿을 수 있는 한 사람

나를 믿어준 너를 위해

상황이 조금만 달랐다면

당신이 산타페에 가지 않는다면

그리고 당신이 그의 딸이 아니라면

당신의 아버지가 내 목을 따러 쫓아오지 않는다면

사실 우리 아버지 별로 안 무서워 하잖아

그런데 당신은 조금 무서워

Once and for All _마지막으로

퓰리처 사장님이 편하게 주무시는 것 좀 봐

그는 우리가 죽든 살든 관심 없지

그가 베고 누운 새틴 베개들

그동안 우리는 생존을 위해 빵을 구걸해

눈물은 지워버려
잡초처럼 일어나!
먼지 같은 삶에서
깨어나라!

구두를 닦는 길거리의 아이들
하지만 그들은 상처 난 맨발이지
누군가는 일터에서 피를 흘리지
그들의 고용주가 지켜보는 가운데

가난한 아이들과 열악한 노동자들의 생활, 삶에 대한 그들의 열정, 거대한 자본가들의 횡포, 파업과 탄압이 난무하는 혼란의 시대를 경쾌한 춤과 에너지 넘치는 노래로 표현하고 있습니다. 탭댄스, 아크로바틱, 발레에서 군무까지 다양하고 열정적인 안무는 관객들을 즐겁게 만듭니다.

작고 미약한 힘이 모여 거대한 세상을 멈추고 더 나은 내일을 만들어가는 소년들의 노래는 관객의 심장마저 뜨겁게 뛰게 합니다. 시대와 관계없이 우리는 거대한 세상과 운명 앞에서 삶의 권리를 찾기 위해 싸우고 또 살아갑니다.

그들의 이야기는 오늘을 살아가는 관객들의 내일에도 희망과 에너지를 불어넣고 거대한 힘 앞에 무너지지 않을 용기를 나눠줄 것입니다.

넘버

1막

Overture _서곡

Santa Fe (Prologue) _산타페 (프롤로그)

Carrying the Banner _깃발을 가져와

The Bottom Line _커트의 미학

Carrying the Banner (Reprise) _깃발을 가져와 (반복)

That's Rich _부자

I Never Planned on You _계획한 적 없어

Don't Come a-Knocking _멋대로 들어오지 마

The World Will Know _세상을 향해

The World Will Know (Reprise) _세상을 향해 (반복)

Watch What Happens _두려워하지 마

Seize the Day _기회를 잡아라

Santa Fe _산타페

2막

King of New York _뉴욕의 왕

Letter from the Refuge _피난처에서 온 편지

Watch What Happens (Reprise) _두려워하지 마 (반복)

The Bottom Line (Reprise) _커트의 미학 (반복)

Brooklyn's Here _브루클린

Something to Believe in _믿음

Seize the Day (Reprise) _기회를 잡아라 (반복)

Once and for All _마지막으로

Seize the Day (Reprise) _기회를 잡아라 (반복)

Finale _피날레

뉴시즈의
대표넘버를 감상해보세요!

1-6

잡을 수 없는 별일지라도

: 맨 오브 라만차

이야기는 세르반테스가 감옥에서 종교 재판을 기다리는 동안 직접 쓴 희곡 돈키호테를 연기하며 시작됩니다. 주인공 '돈키호테'는 사실 '알론조'라는 이름의 노인입니다.

그는 기사 이야기를 너무 많이 읽어 반쯤 미쳐버리고 스스로가 돈키호테라는 기사라고 믿게 됩니다. 그는 언제나 자신을 존경하고 섬기는 심복 '산초'를 데리고 모험을 떠납니다.

그리고 머물게 된 여관에서 부엌일을 하는 여자 '알돈자'를 만나게 됩니다. 돈키호테는 알돈자를 자신이 꿈에 그리던 여성이라고 믿고 '사랑스러운 여인'이라는 뜻의 '둘시네아(dulcinea)'라고 부르며 우상처럼 받듭니다. 그리고 이발사의 세숫대야를 황금 투구처럼 쓰고 다니거나 여관 주인에게 기사 작위를 받는 등 다양한 기행을 벌이며 기사의 꿈을 펼칩니다.

비참한 삶을 살아왔던 알돈자는 돈키호테로 인해 생애 처음으로 타인으로부터 존중을 받습니다. 그래서인지, 처음에는 미친 사람이라고 여겼던 그에게 차츰 마음을 열게 됩니다.

하지만 진짜 기사가 아닌 돈키호테는 알돈자가 곤경에 처해 있을 때 아무런 도움을 주지 못합니다. 알돈자는 결국 자신은 둘시네아가 아니라며 화를 내고 돈키호테는 알돈자의 말에 충격을 받습니다.

한편, 돈키호테의 조카는 결혼을 앞두고 그를 찾고 있었습니다. 또한, 그가 제정신이 아니라는 것을 알고는 거울을 통해 그의 모습을 깨닫게 하겠다는 계획을 세웁니다.

알돈자에게 충격을 받은 돈키호테가 거울 앞에서 서자, 남루한 사람이 하나 나타납니다. 돈키호테는 용맹하고 정의로운 기사가 아닌, 늙고 초라한 자신의 모습을 보고 현실을 깨닫죠. 그리고 자신의 나약함을 한탄하며, 지금껏 기사 '돈키호테'가 되는 꿈을 꿨다고 여깁니다. 충격을 받은 그는 쓰러집니다.

Man of La Mancha (I, Don Quixote) _맨 오브 라만차

나는 돈키호테 라만차의 기사

운명이여 내게 오라

거친 바람이 불어와 나를 깨운다

날 휘몰아 가는구나

그 어느 곳이라도 영광을 향해 가자

Dulcinea _둘시네아

그댈 꿈꿔왔어

나의 마음은 언제나 그댈 알고 있었지

기도로 노래로

볼 순 없어도 마음은 언제나 하나였어

둘시네아 둘시네아

하늘에서 내린 여인 둘시네아

천사의 속삭임 같은 그대 이름

I Really Like Him _좋으니까

좋으니까 그냥 좋으니까

내 손톱 하나씩 뽑혀도 괜찮아

왜 좋은지 설명이 안 돼요

주인님이 살짝 맛이 가신 건 알지만

그래도 어쩔 수 없어

꼬집고 할퀴고 물리고 뜯겨도

하늘에 외치리 나는 주인님이 그냥 좋아

What Do You Want of Me _내게 뭘 원하나

알 수가 없네

그 사람 생각을 해 봐도

도무지 이해를 할 수 없어
꿈속에 들어가 살고 있나
있을 수 없는 꿈속의 세상
오 나는 모르겠네 내게 뭘 원하나

어디서나 웃음거리가 되겠지만
난 비웃고 싶지 않아 왜일까
왜 그렇게 사는 걸까 바보 같은 사람
오르지 못할 산을 꿈꾸며
험한 길도 상관없는지
밝은 쪽만 바라보고 있네
나는 모르겠네 내게 뭘 원하나

To Each His Dulcinea _그만의 둘시네아

새처럼 날아오르며 달빛도 잡으리
오 하지만 꿈결처럼 영롱한 달빛은
손에 잡히는 그 순간 덧없이 사라져

그 이름 둘시네아 헛되고 헛되도
그대를 꿈꾸게 하네 그 꿈속에서 그대는 절망치 않으리
꿈속의 둘시네아 헛되고 헛되어도

세르반테스는 초라한 돈키호테의 말로를 보여주며 연극을 마칩니다. 하지만 그의 연극을 지켜보던 죄수들은 돈키호테의 결말이 마음에 들지 않았습니다. 결국, 그들은 원고를 빼앗으려고 듭니다. 세르반테스는 결말을 고쳐 즉흥극을 이어갑니다.

다시 시작된 이야기 속에서 한때 돈키호테를 자칭했던 알론조는 임종을 앞두고 있었습니다. 그때, 알돈자가 알론조를 찾아옵니다.

알돈자는 돈키호테가 불러주었던 '둘시네아'를 알론조에게 다시 불러주며 꿈과 열정이 가득했던 그 모습을 일러줍니다. 알돈자의 진심은 돈키호테의 빛나는 눈을 다시 뜨게 합니다.

알론조는 비로소 돈키호테의 여정은 꿈이 아니었다는 사실을 깨닫습니다. 하지만 그에게 허락된 시간은 짧았고, 그는 행복 속에서 돈키호테로서 생을 마감합니다. 남겨진 알돈자는 이제 자신은 둘시네아가 되었다고 산초에게 이야기합니다.

The Impossible Dream _이룰 수 없는 꿈

그 꿈 이룰 수 없어도

싸움 이길 수 없어도

슬픔 견딜 수 없다 해도

길은 험하고 험해도

정의를 위해 싸우리라

사랑을 믿고 따르리라

잡을 수 없는 별일지라도

힘껏 팔을 뻗으리라

이게 나의 가는 길이요

희망조차 없고 또 멀지라도

멈추지 않고 돌아보지 않고

오직 나에게 주어진 이 길을 따르리라

세상은 밝게 빛나리라

이 한 몸 찢기고 상해도

마지막 힘이 다할 때까지 가리

저 별을 향하여

Knight of the Woeful Countenance _슬픈 표정의 기사

만세 슬픈 표정의 기사

슬픈 표정의 기사여

어디에 가나 칭송하리

영광의 업적을 이룬 슬픈 표정의 기사여

떠나가네 용감한 기사여

영광의 투쟁을 향해

언제까지나 난 잊지 못하리

당신이 떠난 후에도

전투에 나온 그 모두를
두려움에 떨게 만든 슬픈 표정의 기사여
오 용맹스런 그대 싸울 때에
악의 무리 격파할 때
그대는 항상 그곳에 있으리
난 이 성을 지키리라

Aldonza _알돈자

제발 눈 좀 똑바로 뜨고 내 꼴 좀 보라고
당신은 내게 꿈 같은 환상을 얘기해
허나 의미 없는 꿈 꿔서 뭐해
날 짓밟고 지나간 수많은 놈 당신이 가장 잔인해

당신은 나를 절망으로 가득 채웠지
분노만 있었던 이 자리에
날 짓밟고 가는 건 참을 수 있으니
꿈꾸게 하지 좀 마

Man of La Mancha (I, Don Quixote) (Reprise) _맨 오브 라만차 (반복)

영광의 나팔 소리 나를 부른다
나팔 소리 나를 부른다

어디로 향하든 언제나 내 곁엔
나의 친구, 나의 레이디
나는 나 돈키호테 라만차의 기사

Finale _피날레

잡을 수 없는 별일지라도 힘껏 팔을 뻗으리라
가리 저 별을 향하여 쉽게 닿을 수 없어도
온 맘 다하여 나아가리 영원히 저 별을 향하여

연극은 새로운 결말을 맞이하고, 세르반테스는 재판을 시작합니다. 그의 연극을 지켜본 도지사는 세르반테스를 격려합니다. 세르반테스는 여러분 모두가 라만차의 기사라며 그들을 응원합니다. 죄수들은 모두 세르반테스를 향해 노래하고 그렇게 뮤지컬 〈맨 오브 라만차〉는 결말을 맞습니다.

뮤지컬 〈맨 오브 라만차〉는 고전으로써의 영향력에 작가의 삶을 더해 신선한 상상력을 보여주었습니다. 돈키호테의 기묘한 서사는 한편으로는 당황스러운 동시에 가슴을 뛰게 하는 모험입니다. 자신이 원하는 것을 위해 운명을 이겨낼 용기, 그리고 그 용기가 누군가의 삶을 바꿀 수 있다는 사실까지, 돈키호테의 우스꽝스러운 행동 속에 감춰진 빛을 관객들은 어느 순간 마주하게 됩니다.

뮤지컬 〈맨 오브 라만차〉는 미겔 데 세르반테스의 소설 「돈 키호테(Don Quijote de La Mancha)」를 원작으로 하며 1965년 브로드웨이에서 처음 공연하였습니다. 이후 장기 공연으로 이어지며 현재까지 세계 각국에서 사랑받고 있습니다.

원작 소설을 일부 재해석하는 액자식 구조를 취하는 이 뮤지컬에서 돈키호테의 용기는 소설과 연극으로 위기를 모면한 작가 세르반테스의 삶으로 확장되기도 합니다. 그들의 서사 속에 녹아든 이국적인 음악들은 주로 스페인의 민속 음악들로, 막이 내린 뒤 관객들은 마치 돈키호테의 마지막 모험을 함께한 듯한 기분을 느낄 수 있습니다.

넘버

1막

Overture _서곡

Man of La Mancha (I, Don Quixote) _맨 오브 라만차

It's All the Same _다 똑같아

Dulcinea _둘시네아

I'm Only Thinking of Him _그분의 생각뿐

We're Only Thinking of Him _그분의 생각뿐

The Missive _서한

I Really Like Him _좋으니까

What Do You Want of Me _내게 뭘 원하나

Little Bird, Little Bird _새야, 작은새야

Barber's Song _이발사의 노래

Golden Helmet of Mambrino _맘브리노의 황금투구

To Each His Dulcinea _그만의 둘시네아

2막

The Impossible Dream _이룰 수 없는 꿈

The Dubbing _기사 책봉

Knight of the Woeful Countenance _슬픈 표정의 기사

The Abduction _유괴

The Impossible Dream (Reprise) _이룰 수 없는 꿈 (반복)

Man of La Mancha (I, Don Quixote) (Reprise) _맨 오브 라만차 (반복)

Aldonza _알돈자

A Little Gossip _그냥 소문

Dulcinea (Reprise) _둘시네아 (반복)

The Impossible Dream (Reprise) _이룰 수 없는 꿈 (반복)

Man of La Mancha (I, Don Quixote) (Reprise) _맨오브라만차(반복)

The Psalm _성가

Finale _피날레

맨 오브 라만차의
대표넘버를 감상해보세요!

Cats

PART 2

때로는 유쾌하게, 인생은 우리만의 것

언제나 인생은 마음 같지 않습니다. 행복은 꼭 허상과 같이 도망치고, 불행은 너무나 쉽게 우리 곁에 멈춰 섭니다. 뮤지컬은 하나의 작은 인생이지만, 인간의 삶을 있는 그대로를 보여주지는 않습니다. 대신 조금 더 유쾌하게, 재미있게, 그리고 조금 더 행복하거나 신비롭게 인생을 노래하곤 합니다.

주인공들은 한껏 자신의 인생을 만끽합니다. 그들의 모습을 지켜보는 관객들은 한층 더 즐거운 삶을 누릴 시간을 얻습니다. 불행과 비극, 혼란, 혹은 그저 그런 생활, 그 자체로 빛나는 인생. 그들의 모든 삶을 유쾌하거나 아름답게 그려낸 뮤지컬이 이곳에 있습니다.

2-1

억압과 차별에 맞서는 힘

: 헤어 스프레이

배경은 1962년의 볼티모어, 유쾌하고 뚱뚱한 소녀 '트레이시'가 주인공으로 등장합니다. 트레이시의 중요한 일과는 친구 '페니'의 집에서 좋아하는 지역 TV 프로그램 〈코니 콜린스 쇼〉를 보는 것입니다.

〈코니 콜린스 쇼〉는 10대들의 댄스쇼를 메인으로 하는 프로그램으로, 트레이시의 학교를 다니는 '앰버'와 '링크'가 주연급으로 출연합니다. 하지만 쇼의 멤버들은 모두 백인입니다. 흑인 아이들은 매달 마지막 수요일인 '흑인의 날'에만 출연할 수 있습니다. 앰버의 어머니 '벨마'의 주도로 쇼는 인종차별적으로 운영되고 있었기 때문입니다.

어느 날, 〈코니 콜린스 쇼〉에서 새 여성 멤버를 뽑는 오디션을 진행합니다. 트레이시는 오디션에 참가하길 바라지만, 뚱뚱할 뿐만 아니라 트레이시의 하얀 피부가 인종차별과는 거리가 멀다는 이유로 오디션 요청을 거절당합니다.

오디션에 참여하기 위해 학교를 빠졌던 트레이시는 벌칙 교실에서 벌을 받게 되는데, 그곳에서 흑인의 날을 준비하는 아이들이 춤을 연습하고 있었습니다. 트레이시는 춤을 가장 잘 추는 흑인 소년 '시위드'와 친구가 되어 춤을 배우고 '링크'를 만나 사랑에 빠집니다.

이후 트레이시는 무도회에서 춤을 추게 되면서 〈코니 콜린스 쇼〉의 고정 멤버로 발탁되고 인기 멤버로 부상합니다. 스타가 된 트레이시로 인해 앰버는 "미스 틴에이지 스프레이"가 될 기회에 위협을 느끼게 됩니다. 그러자 벨마는 쇼에서 흑인의 날을 폐지해버립니다.

Good Morning Baltimore _굿모닝 볼티모어

굿모닝 볼티모어
가능성의 문은 언제나 열려 있어
매일 밤 환상의 꿈을 꾸고
교향악과 같은 소리가 들려와

나는 모든 스텝을 알고 모든 노래를 알아
내가 가야 할 곳이 있다는 것도 알지
파티의 불빛이 내 눈앞을 비춰

I Can Hear the Bells _종소리가 들려

모두 그가 나를 보고 실망할 거라고 하지만

그는 나의 내면만을 볼 거라는 걸 알아

오늘은 단지 시작일 뿐

종소리가 들려

죽음이 우릴 갈라놓을 때까지

죽은 뒤에도 우린 서로를 바라볼 거야

우리가 사랑에 빠진 그 밤을 떠올리면서

Run and Tell That _달려라!

왜 사람들이 날 쳐다보는지 모르겠어

그리고 내 얼굴색만 봐, 오 그래

그리고 도우려는 자들도 있어, 신이 알잖아

하지만 나를 내 자리에 앉혀야 해

I Know Where I've Been _내가 있는 곳

그곳에는 우리가 이겨내야 할 투쟁이 있어요

그리고 내 가슴에는 자부심이 있어요

나는 내가 가야 할 곳을 알기 때문이죠

흑인의 날 폐지에 반발한 트레이시는 "미스 틴에이지 헤어

스프레이 선발 대회" 하루 전날, 방송국까지 시위 행진을 진행하기로 합니다. 하지만 행진은 경찰들에 의해 중단되고 시위대가 체포됩니다. 그 사이에 트레이시는 페니의 집으로 도망칩니다.

시위드와 흑인 친구들은 트레이시의 탈출을 도와 벨마를 피해 대회에 들어갈 계획을 꾸미기 시작합니다. 벨마가 투표를 조작하며 앰버의 우승을 유도하는 사이, 트레이시는 대회가 진행되는 스튜디오에 잠입하는 데 성공합니다.

그런데 모두의 예상과 달리 대회에서 가장 많은 표를 받아 우승한 것은 트레이시도 앰버도 아닌 '아이네즈'였습니다. 실망한 벨마는 투표를 조작했다는 사실을 앰버에게 밝혀 버립니다. 이로 인해 벨마는 프로그램에서 해고되고, 트레이시는 마침내 링크와의 사랑을 확인하며 극은 행복한 결말을 맞습니다.

You Can't Stop the Beat _멈출 수 없어

왜냐하면 세상은 계속 돌고 또 돌고

내 심장은 음악의 속도에 맞춰 뛰고

잃었던 길에서 드럼 소리를 들었을 때

내 길을 찾았어

시대의 흐름을 막고 싶더라도
그건 절대로 불가능한 일이지
만약 그들이 우릴 막으려 하면
흑인 인권단체에 신고할 거야

바다의 파도나 쏟아지는 비를
너는 막을 수 없어
우리가 낙원을 꿈꾸는 것을
막으려 할 순 있겠지만
사랑에 빠진 연인들의 심장을
너는 멈출 수 없어

넌 내 행복을 막을 수 없어
지금 내 모습에 만족하거든

아가야, 어제는 이미 지나간 역사고
다시는 돌아오지 않아!
왜냐하면 내일은 새로운 태양이 뜨고
그것은 인종차별을 모르지!

〈헤어 스프레이〉는 1988년에 개봉한 코미디 영화를 기반으로 한 2002년 브로드웨이 뮤지컬을 2007년에 다시 한번 각색하여 완성된 뮤지컬입니다.

〈헤어 스프레이〉는 세상의 억압과 차별에도 굴하지 않고 미래를 마련해가는 청소년들의 이야기를 노래합니다. 관객은 그들이 성장을 위해, 그리고 모두의 미래를 위해 작은 기적을 이뤄내는 순간을 함께할 수 있습니다.

그들을 막아서는 길 앞에서도 굴하지 않는 아이들의 유쾌한 이야기는 더 나은 내일을 위해 오늘을 바꿔나가는 일을 괴로움으로 치부하지 않도록 합니다.

스스로 선택한 일을 믿고 자신의 모습을 긍정하며 인생의 매 순간을 설레는 내일을 위한 준비 과정으로 바라보도록 하는 이 뮤지컬은 부조리한 세상에 절대로 지지 말라는 위로를 건네기도 합니다.

인생의 한순간에 그림자가 드리운 것 같더라도 유쾌하고 아름다운 당신의 인생은 여전히 그곳에 있다는 것을 기억하고 활기찬 내일을 맞이할 용기를 불어넣어 주는 뮤지컬로 오래도록 사랑받고 있습니다.

넘버

1막

Good Morning Baltimore _굿모닝 볼티모어

The Nicest Kids in Town _가장 착한 아이

Mama, I'm a Big Girl Now _나 이제 다 컸어

I Can Hear the Bells _종소리가 들려

Miss Baltimore Crabs _미스 볼티모어 크랩

It Takes Two _두 개면 돼

Welcome to the 60's _60년대에 오신 것을 환영합니다!

Run and Tell That _달려라!

Big, Blonde, and Beautiful _크고, 금발에, 아름다운

2막

The Big Dollhouse _인형의 집

Good Morning Baltimore (Reprise) _굿모닝 볼티모어 (반복)

(You're) Timeless to Me _영원한 너

Without Love _사랑 없이

I Know Where I've Been _내가 있는 곳

(It's) Hairspray _헤어스프레이

Cooties _쿠티스

You Can't Stop the Beat _멈출 수 없어

헤어 스프레이의
대표넘버를 감상해보세요!

2-2

인내와 믿음으로 피워낸 꿈

: 인 더 하이츠

워싱턴 하이츠는 맨해튼 북서부에 위치한 지역으로 중남미계 이민자들의 땅입니다. 멕시코, 쿠바, 푸에르토리코, 도미니카 등 라틴 아메리카계 미국 이민자들을 뜻하는 '라티노(Latino)'가 〈인 더 하이츠〉의 주인공들입니다.

〈인 더 하이츠〉는 잡화점을 운영하는 '우스나비', 그가 짝사랑하는 '바네사', 스탠포드 대학을 다니다가 등록금 문제로 집에 돌아온 '니나', 그리고 니나와 사랑에 빠진 운수회사 청년 '베니', 우스나비의 사촌 동생 '소니' 등 여러 사람을 축으로 진행됩니다.

우스나비는 8세에 가족들과 이민을 왔지만, 도미니카 해변으로 돌아가 아버지의 상점을 열고자 하는 꿈을 품고 있습니다. 반면, 소니는 워싱턴 하이츠에 정착해 살아가고자 합니다.

바네사는 동네 미용실에서 일하지만, 패션 디자이너가 되고 싶다는 꿈을 품고 있습니다. 꿈을 이루기 위해 다운타운으로 떠날 기회를 모색합니다. 니나는 마을의 기대와 아버지의 지지를 받으며 대학에 진학했지만, 차별적인 시선을 견디지 못해 워싱턴 하이츠로 돌아옵니다.

그들은 모두 힘겨운 상황에 놓여 있으며 정체성과 소속감에 혼란을 겪기도 합니다. 하지만 저마다 마음속에 꿈과 희망을 품고 있습니다.

그런 마을 사람들에게, 워싱턴 하이츠에서 수십 년을 살아온 마을 어르신 '클라우디아'는 "인내와 믿음"을 통해 살아가는 법을 알려줍니다. 고된 현실을 살아가는 비결이자 꿈과 미래에 대한 밑거름을 인내와 믿음이라 가르친 것입니다.

Breathe _심호흡

난 열기에 숨이 막히는 가로등
내가 꼼짝 않는 동안에도 세상은 계속 돌지
내가 아는 사람들은 모두 길을 따라 가버리지만
매일 새로운 날이 오니까, 비트를 바꿔보자고

하이츠에서
나의 국기를 높이 걸어

가진 건 오늘뿐, 그러니 멈출 수 없어
여기가 우리 동네니까!

하이츠에서
물건은 매일매일 비싸지고
끝도 없어
오늘 밤은 너무나 멀지만
그래도 내일이 되면, 나의 친구
놓치지 말고 지켜보자

지난밤의 이야기와
콩과 쌀 요리의 맛과
여러 가지 시럽과 갈린 얼음

신이 이른 길을 찾을 수 없다면
심호흡을 하자

안녕, 나 왔어요
여러분에게 최고의 실망을 선사하러 왔어요

Inutil _쓸모없어
아빠, 미안해요
난 아빠처럼 살지 않을 거예요

비행기를 탈 거예요

그리고 언젠가 세상을 바꿀 거예요!

나로 인해 내 가족이 실패하게 만들지 않아

뭐든지 할 거야

필요한 건 모두 줄 거야

그렇지 않으면, 나의 인생이

지금까지의 나의 일, 내가 희생한 모든 것이

무의미해져

모두가 힘든 현실 속에서 더 나은 미래를 꿈꾸는 마을, 하이츠. 그래서인지 우스나비의 잡화점에서 가장 잘 팔리는 물건은 바로 복권입니다.

그러던 어느 날, 마침내 우스나비의 가게에서 복권 당첨자가 등장합니다. 마을 사람들은 저마다 행복한 미래를 꿈꾸며 설렘으로 부풀지만, 얼마 뒤 클라우디아가 세상을 떠나는 사건이 발생합니다.

이 사건으로 인하여 우스나비는 마을을 떠나고자 합니다. 짐을 정리하던 중 우스나비가 발견하게 된 것은 클라우디아가 우스나비의 미래를 위해 사용하라며 남겨 놓은 당첨 복권.

클라우디아의 뜻과 친구들의 존재 때문에 워싱턴 하이츠

를 떠나지 않은 우스나비는 복권 당첨금으로 자신의 가게를 보수하며 마을에 남게 됩니다.

니나 역시 이민자들을 위해 봉사하고자, 부모님의 도움을 받아 다시 학교로 돌아가면서 계속되는 삶 속에 이야기는 막을 내립니다.

96,000 _내일 복권에 당첨된다면

샤이어의 프로도 선생님 말씀에 따르면

9만 6천 달러로는 퇴사할 수 없어

헛꿈에 이렇게까지 들뜨는 건 바보 같아

그렇게 꿈을 이루고 싶으면

목표부터 세워

그리고 차근차근 리스트를 지워가는 거야

진심으로, 쳇바퀴 같은 이 삶에서 벗어날 수 있다면

커다란 파티를 열게, 여기 모두를 초대해서

모두가 쉴 수 있는 주말이겠지

마음 편히

When You're Home _돌아온 걸 환영해

내가 더 어렸을 때, 상상하곤 했어

우리 부모님이 푸에르토리코에 남았다면 어땠을까
맨해튼을 한 번도 본 적 없는 나는 어떤 사람이 되었을까
푸에르토리코에서 나의 사람들과 자랐더라면

스탠포드라면 답을 알려줄 거라고 믿었는데
바다를 바라보는 것뿐이야

Enough _충분해

우리가 너를 위해 무엇도 하지 않을 거라고 생각했어?
힘든 문제가 있을 땐 집으로 돌아와
우리가 살아있는 한
넌 혼자가 아니야

〈인 더 하이츠〉는 사랑과 삶에 대한 열망, 이민자들의 애환, 공동체의 힘에 대해 노래하는 이야기입니다. 그리고 클라우디아의 목소리를 통해 현재의 순간에 집중하며 인내와 믿음을 갖고 꿈과 희망을 놓지 않을 것을 당부합니다. 혼란과 당황 속에 놓이더라도 우리가 살아가는 터전은 현재의 이곳이며 우리는 삶의 방식을 선택할 수 있다는 위로이기도 합니다.

그뿐만 아니라, 열정적인 사운드와 삶의 아픔이 승화된 유쾌함, 랩, 힙합, 스트리트 댄스 등 다양한 장르를 혼합한 축제

와 같은 순간을 관객들에게 선사합니다. 마음을 트이게도, 아리게도 하는 웃음과 눈물 사이를 오가며 깊은 위로와 낯설면서도 낯설지 않은 공감을 이뤄냅니다.

이들의 이야기는 힘겨운 상황에서도 꿈을 향해 나아가는, 혹은 길을 잃고 혼란 속에 놓인 관객들에게 이정표가 될 수 있을 것입니다.

넘버

1막

In the Heights _인 더 하이츠

Breathe _심호흡

Benny's Dispatch _배차 방송

It Won't be Long Now _조금만 더 있으면

Inutil _쓸모없어

No Me Diga _말도 안 돼

96,000 _내일 복권에 당첨된다면

Paciencia y Fe (Patience and Faith) _인내와 믿음을

When You're Home _돌아온 걸 환영해

Piragua _피라구아

Siempre (Always) _언제나

The Club _클럽

Fireworks _불꽃놀이

2막

Sunrise _아침노을

Hundreds of Stories _수많은 이야기

Enough _충분해

Carnaval del Barrio _바리오의 카니발

Atencion (Attention) _집중

Alabanza (Praise) _칭찬

Everything I Know _내가 아는 모든 것

No Me Diga (Reprise) _말도 안 돼 (반복)

Piragua (Reprise) _피라구아 (반복)

Champagne _샴페인

When the Sun Goes Down _어느덧 해는 지고

Finale _피날레

인 더 하이츠의
대표넘버를 감상해보세요!

2-3

우리는 하나의 질문을 안고 있어

: 드림걸즈

슈프림즈가 플로렌스 발라드와 다이애나 로스, 메리 윌슨의 세 멤버로 구성된 걸그룹이었다면, 〈드림걸즈〉의 주인공들은 '드림메츠'라는 그룹으로 활동하는 에피, 디나, 로렐의 세 소녀입니다. 그들은 백인들이 팝 음악계를 장악하던 시대, 드림메츠라는 그룹을 결성합니다.

드림메츠는 쇼에 출연하여 에피의 남동생 C.C.가 작곡한 노래를 부르고 중고차 중개업자인 '커티스'를 만나게 됩니다. 그는 드림메츠를 R&D 스타 지미의 백업 코러스 가수로 설 수 있도록 돕습니다.

그들이 활동을 시작하고 경험을 쌓아 나가자 C.C.의 곡은 사람들의 주목을 끌기 시작하는데, 백인 팝 가수가 그들의 곡을 훔쳐 발표해버립니다. 화가 난 커티스는 미국 DJ들의 도움을 받아 〈Steppin' to the Bad Side〉라는 곡을 발표하고 히트를 기록합니다.

커티스는 드림메츠를 백인들의 기준에 맞춰 성공시키려는 계획을 세웁니다. 자신의 연인이자 드림메츠의 리드 보컬인 에피 대신 백인들의 미적 기준에 부합하는 디나를 메인 보컬로 세우기로 한 것입니다. 또한 커티스는 점차 디나에게 마음을 빼앗기기 시작합니다.

결국 에피는 커티스의 태도와 팀 내의 갈등을 견디지 못해 그룹을 떠나게 됩니다. 거기다 커티스의 아기를 임신하고도 책망을 받을 뿐이었죠. 에피는 절망했지만, 커티스는 디나와 결혼합니다. 드림메츠는 '디나 존스&더 드림스'로 이름을 바꾸고요. 디나 존스&더 드림스는 미국에서 가장 인기 있는 팀으로 성장합니다.

Family _가족

이 꿈은 모두를 위한 거야
이제는 이룰 수 있어
지금 멈출 수는 없어
그저 감정 때문에

우리 곁에 머물러줘
다 함께 꿈을 나누는 거야
다시 두려워질 때는 내가 있을게

우린 가족이야

커다란 나무처럼 하늘을

향해 가지를 뻗은, 우린 가족이야

우리는 단지 너와 나 이상의 가족이야

거대한 나무처럼

더 강해지고, 더 현명해지고,

보다 자유로워져

우린 네가 필요해

우린 가족이야

Dreamgirls _드림걸즈

모든 이들의 마음속엔

자신만의 특별한 꿈이 있지

그 꿈은 곧 이루어질 거야

인생은 생각만큼 나쁘지 않아

눈을 뜨고 세상에 맞선다면!

우리는 드림걸즈

절대 네 곁을 떠나지 않는 드림걸즈

넌 꿈을 꾸기만 하면 돼

우리가 함께할 테니

드림걸즈는 너만의 환상을 보여줄게

드림걸즈는 항상 너를 사랑할 거야

드림걸즈의 사랑은 변하지 않아!

난 네가 꿈꿔온 것들과는 달라

난 네게 무엇이든 줄 수 있는 꿈이야

Hard to Say Goodbye, My Love _안녕, 내 사랑

이런 일을 바라지는 않았지

하지만 슬퍼하지 말자

함께한 시간이 아름다우니까

소중한 추억만 간직하자

난 항상 널 사랑할 거고

난 항상 널 생각할 거야

비록 멀리에 있더라도

나의 마음속에

네가 영원히 함께할 거야

하지만 우리는 나아가고

더 성장해야 해

비록 힘겹지만

이제는 이별을 말해야 해

영원히 함께하지는 못했지만

언제까지나 사랑할 거야

시간이 흐르고 사회와 사람들의 취향은 변합니다. 지미는 로렐과 불륜관계를 이어왔지만, 예전의 인기를 되찾지 못하자 팀을 떠나버립니다.

에피는 동생 C.C.의 설득으로 'One Night Only'라는 곡을 다시 발표하게 됩니다. 에피의 곡은 호응을 얻지만, 커티스는 에피의 노래를 그대로 훔쳐 디나에게 부르도록 합니다. 커티스의 독단에 실망한 디나는 커티스와 헤어지기로 결심하고, 에피와 디나는 이를 계기로 화해하게 됩니다.

하지만 다시 스타가 된 에피와 달리 디나는 더 이상 노래를 부르지 않고 연기하겠다고 다짐합니다. 이들은 하나의 그룹으로서 마지막으로 콘서트를 열어, 대중에게 아름다운 안녕을 고합니다.

Listen _들어봐

난 이제 당신의 말을 믿지 않을 거예요

당신은 나의 감정을 알지 못해요

나는 당신이 만든 나보다 더 나은 사람이죠

나는 당신이 내게 준 목소리를 따랐지만

이제 나만의 것을 찾을 거예요

당신은 들어주었어야 했어요
누군가 그 안에 있어요
나조차 오래전에 죽었다고 생각했던 누군가 있어요
이제 나는 내 꿈이 들리도록 소리치고 있어요

나는 내가 어디에 속해 있는지 알 수 없지만
계속 나아가려고 해요

들어주세요
내 마음속에 있는 이 노래를요
내가 시작한 이 노래를
내가 끝낼 거예요

One Night Only _단 하룻밤

넌 나의 사랑 내 전부를 원해
내 영혼까지도 갖길 원해
너와 함께할 수 있는 내 사랑이
오늘 밤 단 하루
널 위한 내 전부야
내겐

아침이 와 우릴 지우면

다신 만나지 못해

우리에겐 내일은 없으니

지금은 아무 생각 말고 나를 안아줘

〈드림걸즈〉는 미국의 1960년대를 대표하는 흑인 여성 트리오 '슈프림즈'의 실화를 토대로 제작된 뮤지컬입니다. 〈드림걸즈〉는 1981년 12월 브로드웨이에서 초연되었으며 당시 '브로드웨이 역사상 가장 화려한 쇼'라는 찬사를 받았습니다.

이들의 이야기와 달리 실존했던 슈프림즈의 멤버들은 행복한 결말을 맞지 못했습니다. 상쾌한 결말을 맞은 〈드림걸즈〉의 이야기는 그들을 그리워하는 대중의 꿈이자 바람처럼 보이기도 합니다.

자신들을 가로막는 한계에 굴하지 않고 고군분투하는 세 사람의 모습과 우정에, 관객들도 함께 간절한 마음을 안고 행복해하거나 분노하기도 합니다. 한편으로는 예술과 상업성, 과정과 결과, 수단과 목적 사이의 무게에 대한 고민에 다다를 수도 있습니다.

뻔한 이야기라는 평을 받기도 하지만, 그들의 극은 하나의 커다란 콘서트처럼 영혼과 꿈이 담긴 노래로 관객에게 삶의 이야기를 건넵니다.

넘버

1막

I'm Looking for Something _뭔가를 찾고 있어

Goin' Downtown _시내로 가자

Takin' the Long Way Home _집으로 가는 길

Move (Dream Girls) _움직임

Fake Your Way to the Top _최고가 되기 위해 서로 속고 속여가며

Cadillac Car _캐딜락

Steppin' to the Bad Side _수렁으로

Family _가족

Dreamgirls _드림걸즈

Press Conference _기자회견

Only the Beginning _단지 시작일 뿐

Heavy _부담

Driving Down the Strip _번화가를 달리며

It's All Over _다 끝났어

And I Am Telling You I'm not Going _안 간다고 말했지

Love Love you Baby _사랑해 자기야

2막

Opening _오프닝

I Am Changing _변화

When I First Saw You _당신을 처음 봤을 때

Got to Be Good Times _좋은 시절

Ain't No Party _파티는 끝났어

I Meant You No Harm _나쁜 마음은 없었어

Quintette _퀸텟

The Rap _랩

Firing of Jimmy _지미의 해고

I Miss You Old Friend _그리워

One Night Only _단 하룻밤

I'm Somebody _누군가

Listen _들어봐

Faith in Myself _내 안의 믿음

Hard to Say Goodbye, My Love _안녕, 내 사랑

Dreamgirls (Reprise) _드림걸즈 (반복)

드림걸즈의
대표넘버를 감상해보세요!

2-4

길을 잃을 때 나를 지켜준 너

: 킹키부츠

〈킹키부츠〉는 2005년 개봉한 동명의 영국 영화를 기반으로 만들어진 뮤지컬입니다. 또, 1979년 영국 신발공장에서 일어난 실화를 바탕으로 둔 이야기이기도 합니다.

극에는 '드랙퀸(drag queen)' 또는 '드랙킹(drag king)'이라는 생소한 개념이 등장합니다. '드랙(drag)'은 사회의 성 고정관념을 깨거나 자신의 당당한 모습을 표현하기 위해, 혹은 '그저 하고 싶어서' 과장된 여장, 남장으로 퍼포먼스하는 이들입니다.

〈킹키부츠〉의 인물, '롤라'가 바로 드랙퀸입니다. 어느 날, 신사화 공장의 사장 '찰리'는 롤라의 공연을 보게 됩니다. 찰리는 막 대학을 졸업하고 얼떨결에 아버지의 신발 공장을 물려받았으나, 공장은 이미 무너져가고 있던 때였습니다. 우연히 롤라의 공연을 본 찰리는 하이힐이 남성의 체중을 견딜 만큼

튼튼하지 않다는 사실을 알게 됩니다.

찰리는 신발 공장을 일으키기 위해 드랙퀸들을 위한 구두, '킹키부츠'를 제작하기로 마음먹습니다. 변해가는 시대에 발맞춰 남성을 위한 붉은 하이힐을 제작하기로 말이죠.

이를 위해 롤라를 디자이너로 고용하고 공장 이름도 킹키부츠로 바꾸어버립니다. 찰리의 신발 공장은 밀라노 슈즈 패션쇼를 목표로 운영되기 시작합니다.

하지만, 공장의 남자 직원들은 여성의 옷을 입고 구두를 신는 롤라를 쉽게 받아들이지 못합니다. 그들이 적응할 수 있도록 롤라가 남성용 정장을 입고 출근했는데도, 롤라를 향한 시선은 크게 바뀌지 않았습니다.

갈등 속에서 롤라는 찰리에게 자신의 과거를 털어놓습니다. '아버지의 과한 기대에서 도망친 아들'이라는 공통점을 발견한 찰리와 롤라는 한층 더 가까운 친구가 됩니다.

The Most Beautiful Thing in the World _세상 가장 아름다운 것

새로운 시작 더 나은 내일로

찬란한 미래로 이곳을 떠나자

지나간 날들은 다 감쪽같이 찾지 못하게

내게 꼭 필요한 건 딱 한 가지 Shoes!

Take What You Got _가진 걸 받아들여

받아들여 가진 걸

삶이 꼬여 있을 때도 시간은 흐르고

인생도 변해가는 거야

가진 걸 받아들여

Step One _스텝 원

무모한 도전이라 말해도

기적을 꿈꾼다고 해도

거칠고 험한 산을 넘어간다 해도

이건 내 Step One

Not My Father's Son _못난 아들

그가 원했던 모습이 아냐

노력하고 애써 참아봐도

난 될 수 없었어

아빠의 그림자

그 속에 설 수 없었어

하지만 난 깨달았어

괜찮다고 이대로 지금 내 모습 이대로

찰리와 롤라의 우정, 공장 직원들과 롤라의 갈등 속에서 밀라노 슈즈 패션쇼는 점차 가까워집니다. 찰리가 조급한 마음에 지나치게 직원들을 독촉하자, 공장 직원들은 반발하며 파업합니다.

롤라는 직원들을 설득하여 다시 불러 모으지만, 찰리는 롤라를 '이상한' 모델이라며 밀라노 패션쇼에 올리지 않으려 합니다.

롤라는 찰리에게 실망하여 떠나버리자 찰리는 자신의 잘못을 뉘우치고 롤라를 "가장 남자다운 사람"이라 칭하며 사과의 편지를 전합니다. 롤라는 결국 돌아와 패션쇼의 모델이 되고, 모든 직원이 함께 무대에 나서 패션쇼는 성공으로 마무리합니다.

Hold Me In Your Heart _그대 맘속에 나를 새겨줘

그대 맘 속에 새겨줘 나를

이해해줘요 이 모습 그대로

네 허물도 사랑해

놓지 마 나를

포기하지 마 나를

넌 지친 내 손 잡고 힘을 줬어

이겨낼 거야 이 시련들도

서로에게 지독한 상처를 줘도

우린 서로가 너무도 소중한데

Raise You Up _레이즈 유 업 & *Just Be* _저스트 비

길을 잃을 때 나를 지켜준 건 너

이젠 내가 더 큰사랑 돌려줄 거야

따분한 인생 꿈 따윈 없었어

내 삶에 당당하게 와서 불을 붙인 너

우뚝 일어설 거야 뭐든 해낼 수 있어

언제나 믿어왔어 해낼 걸 알았어

그런 널 위해 이젠 내가 해낼게

툭 털고 일어나 구름 위를 걸어

짝을 잃은 신발처럼 혼자는 싫어

〈킹키부츠〉는 관객에게 다양하게 생각하도록 합니다. 소수자, 남성성과 여성성, 사회적인 권력, 편견, 가족 관계, 인간의 본질과 인생의 소중함 등 전하고자 하는 메시지가 무한합니다.

이를테면 롤라와 찰리, 그리고 공장 직원들이 함께 목표를 달성하기 위해 나아가는 동안 그들은 서로를 배척하거나 이

해하고 협력하거나 대립합니다. 그들은 함께 나아가지만 새로운 갈등은 계속해서 생겨납니다.

우리를 우리답게 만드는 본질이 무엇인지, 우리의 시야를 가두고 타인과 갈등하게 만드는 선입견이 무엇인지 생각해 볼 수 있는 이야기입니다.

그뿐 아니라, "Put Yourself in My Shoes"라는 표현처럼 "상대를 이해하기 위해서는 그에 대해 알고, 받아들이는 수밖에 없으며, 그래야만 한다."는 목소리를 전해주기도 합니다. 자칫 심오하게 느껴질 수 있는 이야기지만 그들의 이야기는 유쾌하고 열정적으로 관객들의 마음을 두드립니다.

넘버

1막

Price & Son Theme _프라이스 앤 선

The Most Beautiful Thing in the World _세상 가장 아름다운 것

Take What You Got _가진 걸 받아들여

The Land of Lola _랜드 오브 롤라

The Land of Lola (Reprise) _랜드 오브 롤라 (반복)

Step One _스텝 원

Sex is in the Heel _섹스 이즈 더 힐

The History of Wrong Guys _연애의 흑역사

Not My Father's Son _못난 아들

Everybody Say Yeah! _함께 외쳐봐!

2막

Price & Son Theme (Reprise) _프라이스 앤 선 (반복)

What a Woman Wants _여자가 원하는 것

In This Corner _한 판 붙어

Soul of a Man _소울 오브 어 맨

Hold Me In Your Heart _그대 맘속에 나를 새겨줘

Raise You Up _레이즈 유 업

Just Be _저스트 비

킹키부츠의
대표넘버를 감상해보세요!

2-5

그리고 새로운 날이 시작될 거예요

: 캣츠

우리가 모르는 뒷골목에서는 매년 새로운 삶을 부여받을 '젤리클 고양이'를 선정하는 무도회가 열린다고 합니다. 오늘은 바로 젤리클 고양이를 선정하는 운명의 밤.

고양이들은 주인에게 버림받은 고양이 '빅토리아'에게 젤리클 고양이가 되면 새로운 이름이 필요하다는 등 새로운 삶을 살아가는 젤리클 고양이에 대해 말해줍니다. 오늘이 어떤 날인지 알려주면서요.

젤리클 무도회의 진행은 '멍거스트랩'이 맡았습니다. 나이 많은 고양이 '듀터러노미' 앞에서 노래를 부르는 멍거스트랩은 오늘 단 한 마리의 고양이를 선정하여 새로운 삶을 선물할 예정입니다.

극은 고양이들을 한 마리씩 소개하며 진행됩니다. 가장 먼저 소개된 고양이 '제니애니닷'은 모두가 잠든 밤에 일어나 쥐와 바퀴벌레를 교육합니다. 그는 지금의 삶이 지루해서 새 삶이 필요하다고 노래합니다. '럼 텀 터거'는 특이한 말썽꾸러기 고양이로 청개구리처럼 언제나 반대로 행동합니다.

세 번째 고양이 '그리자벨라'는 화려하고 아름다운 고양이였으나 어느새 초라한 신세가 되어 다른 고양이들과 어울리지 못합니다. 그리자벨라는 예전의 아름답던 시절을 그리워하면서도 희망을 잃지 않겠다는 노래를 부릅니다.

'버스토퍼 존스'는 다리에 흰 각반을 찬 부자 고양이입니다. 그는 젤리클 고양이가 아니지만, 젤리클 고양이들은 그와의 만남을 큰 영광으로 여깁니다. 또, 한 쌍의 고양이들도 있습니다. '멍고제리와 럼플티저'는 좀도둑 고양이들로 가정집에 침입해 말썽을 부리곤 합니다.

The Naming of Cats _고양이 이름 짓기

고양이 이름 짓기는 간단한 문제가 아니야
휴일의 놀이처럼 단순한 일이 아냐
당신은 내가 미쳤다고 생각할지도 몰라
고양이들에게 세 개의 다른 이름이 필요하다고 하면 말이야

The Old Gumbie Cat _늙은 검비 고양이

그녀의 관심거리는 쥐들의 품행
그들은 품행이 엉망이고 예의 바르지도 않지

그래서 그녀는 그들을 매트 위에 일렬로 세우고
그들을 가르쳐
음악과 코바늘과 레이스 뜨개를

내 마음속에 떠오르는 검비 고양이가 있어
그녀의 이름은 제니애니닷
그녀는 커튼 끈으로 매듭짓는 것을 좋아해
그녀는 창턱이나 매끈하고 평평한 곳에 자리를 잡고
앉아만 있지 그렇게 앉아만 있는 검비 고양이
그게 바로 검비 고양이

The Rum Tum Tugger _더 럼 텀 터거

나에게 꿩을 권한다면 차라리 닭을 먹겠어
나를 집 안에 가둔다면 마당에 나가고 싶어
나를 마당에 가둔다면 차라리 시궁쥐를 잡겠어
시궁쥐를 잡으라면 차라리 생쥐를 쫓겠어

Mungojerrie and Rumpleteazer _멍고제리와 럼플티저

멍고제리와 럼플티저는 악명 높은 고양이 한 쌍
법석대는 광대에서 희극 배우로 돌변하지

그들은 허리케인처럼 온 집 안을 휘젓고 다녔지
그래도 단언할 수 있는 사람은 아무도 없었어

멍고제리인지, 아니면 럼플티저인지

그것도 아니라면 둘이 함께 한 일이라고 맹세할 수 있을까?

Old Deuteronomy _듀터러노미 어른

듀터러노미 어른은 아홉 명의 부인을 땅에 묻었지

내 생각엔 어쩌면 아흔아홉 명일지도 몰라

많은 자손들이 번창했고 번성했고

마을은 황혼기의 그를 자랑스러워해

Memory _기억

기억, 달빛은 당신의 얼굴에 비치고

기억들이 당신을 이끌어요

마음을 열고 이곳으로 와요

당신이 이 의미를 찾게 된다면

새로운 날이 올 거예요

행복이 무엇인지 알았던 그 시간을 기억해요

기억들을 다시 되새겨요

연기만 자욱이 남아 사라진 지난날들

남은 것은 차갑고 불쾌한 새벽의 냄새

햇빛, 나는 해가 뜨는 순간을 기다려요

새로운 삶을 생각해야 해요

그리고 절대 포기하지 않아야 해요

새벽이 온다면

오늘 또한 추억이 되겠죠

그리고 새로운 날이 시작될 거예요

극장에 사는 나이 많은 고양이 '거스'는 전성기에 연기한 연극 〈그로울 타이거의 최후〉를 회상하기도 하고, 기차에서 일하는 고양이 '스킴블생크스'가 이야기를 들려주기도 합니다.

그런데 젤리클 무도회에 범죄자 악당 고양이 '맥케버티'가 등장하여 듀터러노미를 납치하는 소동이 벌어집니다. 럼 텀 터거는 듀터러노미를 구하기 위해 마법사 고양이 '미스토펠리스'를 데려오고, 그가 마법으로 듀터러노미를 구해냅니다.

돌아온 듀터러노미가 젤리클 고양이를 선정하려는 순간, 그리자벨라는 새로운 시작을 꿈꾸는 〈Memory〉를 부릅니다. 그의 노래에 감격한 듀터러노미는 그를 젤리클 고양이로 선정합니다. 그리자벨라는 새 삶을 얻기 위해 하늘로 향하고 1년의 단 하룻밤, 고양이들의 무도회는 막을 내립니다.

The Moments of Happiness _행복의 순간

행복의 순간들을

우리는 경험하면서도

그 의미를 놓쳤어요

다시 행복을 찾으려면

행복의 의미를 깨달아야 해요

오직 하나의 삶에 대해서가 아닌

반복되는 여러 삶을 통해

말로 표현할 수 없을 것들을 기억하는 것

Finale: The Ad-Dressing of Cats _고양이를 대하는 법

우리의 천성을 이해하는 데

통역가의 도움은 필요 없었을 거예요

당신도 충분히 이해했겠죠

고양이들은 당신과 많이 닮았다는 걸

고양이가 마음을 열 때까지

그들을 믿음직한 친구처럼 소중히 대해주세요

존경의 표시도 약간 필요해요, 한 접시의 크림 같은

고양이에게도 존경의 표시를 기대할 자격이 있지요

그러니 이것은 이것대로 저것은 저것대로

그리고 고양이를 대하는 방식이란 따로 있는 법이지요

〈캣츠〉는 T.S. 엘리엇의 시 〈지혜로운 고양이가 되기 위한 지침서(Old Possum's Book of Practical Cats)〉를 구성하는 14편의 시를 기반으로 앤드류 로이드 웨버가 작곡한 뮤지컬입니다. 앤드류 로이드 웨버는 우리에게 〈오페라의 유령〉으로 잘 알려진 작곡가이기도 합니다.

1981년 런던 웨스트 엔드에서 초연했고, 1982년 브로드웨이에 진출한 뮤지컬 〈캣츠〉는 세계에서 가장 흥행에 성공한 뮤지컬 중 하나로 꼽히기도 합니다. 이처럼 〈캣츠〉는 세계 4대 뮤지컬로 불리며 오랫동안 사랑받고 있습니다.

뮤지컬 〈캣츠〉의 특징은 제4의 벽을 쉽게 넘나들며 객석과 무대 사이 경계를 명확히 하지 않는다는 점입니다. 이렇게 고양이들은 우리를 무대 위 그들의 세계로 끌어들여 함께 즐거워하고 그리워하도록 노래합니다.

고양이들의 생활과 모습은 고양이들만의 것으로 해석할 수도 있지만, 그들이 일러주었던 우리와 많은 것이 닮았습니다. 각자 개성과 특색을 갖고 자신만의 공간에서 온전히 자신만의 생활을 꾸리며 살아간다는 점, 과거를 그리워하며 추억하거나 미래를 떠올리기도 한다는 점 등은 우리의 모습과 다를 바가 없습니다. 그들은 익숙한 우리의 모습을 조금은 낯설게, 또 유쾌하고 신비하게 표현하며 생생한 감동을 제공합니다.

넘버

1막

Overture _서곡

Prologue: Jellicle Songs for Jellicle Cats _프롤로그: 젤리클 고양이를 위한 젤리클 노래

The Naming of Cats _고양이 이름 짓기

The Invitation to the Jellicle Ball _젤리클 무도회로의 초대

The Old Gumbie Cat _늙은 검비 고양이

The Rum Tum Tugger _더 럼 텀 터거

Grizabella: The Glamour Cat _그리자벨라: 매혹적인 고양이

Bustopher Jones: The Cat About Town _버스토퍼 존스: 마을의 고양이

Mungojerrie and Rumpleteazer _멍고제리와 럼플티저

Old Deuteronomy _듀터러노미 어른

The Awful Battle of the Pekes and the Pollicles _피크 족과 경찰의 끔찍한 싸움

The Song of the Jellicles _젤리클의 노래

The Jellicle Ball _젤리클 무도회

Grizabella: The Glamour Cat (Reprise) _그리자벨라: 매혹적인 고양이 (반복)

Memory _기억

2막

The Moments of Happiness _행복의 순간

Gus: The Theatre Cat _거스: 극장의 고양이

Growltiger's Last Stand _그로울타이거의 최후

Gus: The Theater Cat (Reprise) _거스: 극장 고양이 (반복)

Skimbleshanks: The Railway Cat _스킴블생크스: 기차역 고양이

Macavity: The Mystery Cat _맥케버티: 불가사의한 고양이

Macavity Fight _맥케버티 전투

Mr. Mistoffelees _미스터 미스토펠리스

Jellicle Choice/Daylight _젤리클의 선택/새벽

Memory (Reprise) _기억 (반복)

The Journey to the Heaviside Layer _헤비사이드 레이어로 가는 여행

Finale: The Ad-Dressing of Cats _고양이를 대하는 법

캣츠의
대표넘버를 감상해보세요!

2-6

아름다운 재즈 스타의 그림자

: 시카고

뮤지컬 〈시카고〉의 주요 캐릭터는 남편과 동생을 살해한 '벨마', 그리고 내연남을 총살한 '록시'입니다. 록시는 화려한 재즈 스타를 꿈꾸지만, 남편과 지루한 결혼 생활을 하고 있었습니다. 반면, 벨마는 여동생과 함께 공연하던 스타였습니다. 하지만 록시는 내연남의 거짓말로 인해, 벨마는 남편과 여동생의 간통으로 인해 살인을 저지르게 됩니다.

두 사람은 나란히 여자 교도소에 수용됩니다. 하지만 유명세가 있던 벨마는 주간지 1면에 실리며 교도소 간수의 도움을 받아 공연에 복귀할 준비를 합니다. 교도소의 상황을 파악한 록시는 능력 있는 속물 변호사 '빌리'를 섭외하여 재판을 준비합니다. 빌리가 록시의 재판을 담당하자 언론은 록시의 편이 됩니다.

Overture _서곡 & *All That Jazz* _재즈의 모든 것

아니, 난 누구의 아내도 아니야

하지만 난 내 인생을 사랑해, 재즈처럼!

Funny Honey _바보 같은 그이

세상이 내 이름을 더럽히려고 할 때

왜, 그는 대신 비난받으며 나섰을까요?

그가 날 사랑하니까 난 괜찮아요

재미있고, 다정하고, 상냥한, 나의 남편

모두가 알 듯 머리가 좋지도 않고

이젠 멋대로 굴기 시작하는

저 멍청이를 견딜 수 없어요!

나에 대해 나불대는 저 꼴을 봐요

머리가 조금만 더 좋았으면 멍청이 정도는 됐을 텐데

그들이 나를 체포한다면, 그가 자초한 일이죠

비열하고, 거지 같고, 멍청한 내 남편

Cell Block Tango _감옥의 탱고

그가 자초한 일이야, 그가 그랬지

전부 그의 잘못이야

만약 네가 그 자리에 있었다면, 그걸 봤다면

너도 똑같이 행동했을걸

그래서 그날 밤 그가 퇴근했을 때
난 평소처럼 그에게 술을 따라줬어
너도 알지, 비소에 약한 사람들도 있는 거

그건 살인이었지만, 범죄는 아니야

전부 그들의 잘못이야
내가 안 그랬어, 만약 그랬더라도
어떻게 나 혼자의 잘못이라고 할 수 있어?

내 생각에 우리가 헤어진 건
예술적 관점 차이 때문이야
그는 그가 살아있다고 생각했지만
난 그가 죽어 있다고 생각했거든

우릴 이용하고, 망가트렸는데
어떻게 우리만의 잘못이라고 할 수 있어?

시카고의 스타가 된 록시와 달리 명성을 잃어가던 벨마는, 록시에게 2인조 공연을 제안하지만 록시는 이를 거부합니다. 그 사이 록시는 신문의 헤드라인에서 비켜나고 새로운 치정 살인 사건으로 사람들의 관심이 옮겨갑니다.

록시와 벨마는 서로를 믿기로 하고, 뛰어난 임기응변으로 다시 시선을 끌어모으게 됩니다. 록시는 재판 직전, 변호사 빌리와의 갈등을 겪기도 하지만, 같은 교도소에 수감된 '카탈린'이 교수형을 선고받자 빌리에게 도움을 청합니다.

빌리가 정신없이 재판을 주도하여 록시의 무죄 판결을 이끌었지만, 대중은 새로운 사건이 발생하자 대중은 순식간에 록시에게서 관심을 거둡니다. 이후 록시와 벨마는 2인조로 활동하며 스타덤에 오릅니다.

We Both Reached for the Gun _서로 총을 뺏으려 했네

제가 하고 싶은 말은

비록 잘못된 길로 빠졌지만

제 목숨을 걸어서라도

그를 되살리고 싶다는 거예요

멀리할 거예요 (무엇을요?)

재즈와 술이요 (그리고?)

같이 놀던… (누구요?)

남자들도… (그리고 또?)

이게 바로…

그때 든 생각이죠… (언제요?)

우리가 동시에 총을 잡으려고 했던 때요!

이해할 만해, 이해할 만해요

완벽히 이해할 수 있어요

납득할 만해, 납득할 만해요

손가락질을 받기엔 너무나 이해할 만해요

Roxie _록시

내가 그들을 사랑하니까 그들도 날 사랑하고

그들이 날 사랑하니까 나도 그들을 사랑해

우린 서로를 사랑하지

다들 어릴 때 충분히 사랑을 못 받아서 그래

그런 게 연예계야, 아가야

Razzle Dazzle _레이즐 대즐

눈에 금화를 박고도 어떻게 제대로 볼 수 있을까

결함을 들키지 않으려면

지은 죄를 숨기고 싶다면

숨긴 진실을 눈치챌 수 없게

난장판을 만들어

Nowadays _요즘 & *Hot Honey Rag* _핫 허니 랙

지금의 삶에 만족할 수도 있고

당신이 원하는 삶을 살 수도 있죠

심지어 결혼을 할 수도 있고

바람 필 수도 있고

하지만 그 무엇도

50년이나 영원하지 않아요

모든 게 변할 거예요

하지만 지금은 즐거워요

지금은요

〈시카고〉는 1920년대 미국을 배경으로 하는 뮤지컬로 1975년 초연 이후 오랫동안 사랑받고 있습니다. 극의 주제는 살인과 탐욕, 부패, 폭력, 사기, 간통, 그리고 배신 등의 혼란과 범죄이며, 부패와 스캔들로 가득한 현실을 풍자합니다.

〈시카고〉의 등장인물은 뮤지컬의 원작이 되는 연극을 집필한 '모린 달라스 왓킨스'가 여자 교도소에서 기자 생활을 하며 만난 실제 인물들을 바탕으로 만들어진 캐릭터입니다. 이들은 남편과 내연남을 살해한 실제 범죄자이지만 무죄를 선고받았습니다. 아름답고 패션이 화려하다는 터무니없는 이유가 그들의 무죄 판결에 큰 도움이 되었다고 합니다.

〈시카고〉의 비판 의식은 날카롭습니다. 극 중에서 교수형에 처한 '카탈린 후냑'은 사실 교도소에서 유일하게 죄를 짓지 않은 사람이었습니다.

다만, 그는 헝가리 출신의 이민자였기에 자신의 무죄를 영어로 진술하지 못해 유죄 판결을 받게 된 것입니다. 이 캐릭터 역시 실제 인물 '사벨라 니티'를 모델로 만들어졌습니다.

벨마나 록시의 모델이 된 이들과 달리 사벨라는 외모로 이목을 끌지 못하고 교수형을 선고받습니다. 하지만 여성 변호사 헬렌 시레세의 도움으로 외모를 가꾸고 무죄를 판결받습니다.

얼핏 이 뮤지컬은 불합리하고 불가능한 이야기처럼 들립니다. 이렇게 사회와 현실을 비판한 작품 〈시카고〉는 관객에게 부조리를 느끼게 하면서도 어이없는 웃음을 유발합니다. 한편으로는 일종의 해방감을 느끼도록 만들기도 합니다.

극은 윤리의식을 충분히 갖춘 성숙한 관객들에게 비판과 풍자를 통한 현실 인식과 짜릿한 카타르시스를 동시에 선사할 수 있습니다.

넘버

1막

Overture _서곡

All That Jazz _재즈의 모든 것

Funny Honey _바보 같은 그이

Cell Block Tango _감옥의 탱고

When You're Good to Mama _마마에게 잘하면

All I Care About _내가 신경 쓰는 건

A Little Bit of Good _좋은 점

We Both Reached for the Gun _서로 총을 뺏으려 했네

Roxie _록시

I Can't Do it Alone _혼자서는 못해

I Can't Do it Alone (Reprise) _혼자서는 못해 (반복)

My Own Best Friend _나만의 베스트 프렌드

2막

Entr'acte _서곡

I Know a Girl _난 그 소녀를 알아

Me and My Baby _내 아기와 나

Mister Cellophane _미스터 셀로판

When Velma Takes the Stand _벨마가 증인석에 섰을 때

Razzle Dazzle _레이즐 대즐

Class _재판

Nowadays _요즘

Hot Honey Rag _핫 허니 랙

Finale _피날레

시카고의
대표넘버를 감상해보세요!

The Phantom of the Opera

PART 3

격동의 시대, 영원한 사랑

뮤지컬 속 인물들은 격동의 시대를 살아가며 가장 아름답거나 혼란스러운 인생의 한 시기를 보여주곤 합니다. 그리고 그 속에서 매력적이고 아름다운 사랑을 하기도 합니다.

오랫동안 수많은 예술의 근원이었던 사랑은 뮤지컬에도 예외가 아닙니다. 영원을 약속하고, 자신을 내던지기까지 하며 인물들은 절절한 사랑을 노래합니다. 때로는 한없이 사랑스러웠던 반면, 비통한 비극으로 막을 내리기도 하며, 비틀린 형태로 드러나기도 하고, 남녀 간의 사랑을 초월하기도 하는 다양한 사랑이 수많은 뮤지컬에 담겨 있습니다. 삶의 풍랑 속에서 사랑을 위해 서로를 붙잡는 이들의 모습에 우리는 쉽게 빠져들곤 합니다.

3-1

증오의 시대 속에서 꽃핀 사랑

: 아이다

〈아이다〉는 메트로폴리탄 박물관의 이집트 관에서 시작합니다. 우연히 마주친 두 사람이 서로에게 끌림을 느끼자, 전시실에 있던 고대 이집트의 여왕이었던 '암네리스'의 미라가 오랜 잠에서 깨어나 이집트와 누비아 사이의 전쟁과 그 전쟁 속 사랑 이야기를 들려줍니다.

전쟁을 치르고 나일강에서 고향으로 향하던 이집트 사령관 '라다메스'는 군인들이 포획한 누비아 사람들을 보게 됩니다. 라다메스는 그중에서도 특히 용감하고 매력적인 '아이다'에게 관심이 생겨, 그에게 자신의 등을 씻기도록 명령합니다. 그러나 아이다는 이집트가 누비아의 영혼만은 빼앗을 수 없다며 라다메스의 명령을 거부합니다.

이 모습에 감명받은 라다메스는 아이다를 데려가 이집트의 공주였던 암네리스에게 노예 '메렙'과 함께 선물합니다. 암네리스는 아이다에게 옷을 만드는 재능이 있다는 것을 알고 매우 기뻐합니다. 그런데 사실, 아이다는 누비아의 공주였습니다. 이를 알게 된 메렙은 아이다의 신분을 비밀에 부치기로 약속합니다.

한편 라다메스의 아버지 '조세르'는 아들 라다메스가 이집트를 지배하도록 파라오에게 조금씩 독을 먹이고 있었습니다. 이 사실을 알지 못하는 파라오는 라다메스와 암네리스가 7일 안에 결혼할 것이라 발표합니다.

라다메스는 결혼으로 인해 자유로운 삶이 끝나게 된다는 사실에 분노합니다. 때마침 라다메스의 마음을 알게 된 아이다는 이집트를 떠나고 싶은 마음을 공유하며 서로 사랑에 빠지게 됩니다.

어느 날, 아이다는 누비아인 노예들을 만나게 됩니다. 그들은 누비아의 공주였던 아이다에게 구원을 바랐고, 아이다는 그들을 위해 싸울 것을 약속합니다.

아이다가 라다메스에게 그들을 도와달라고 부탁하자 라다메스는 누비아인들에게 물건을 나눠주고 누비아 노예들을 풀어줍니다. 이를 계기로 라다메스와 아이다는 서로의 사랑을 확인합니다.

Every Story is a Love Story _이 세상의 모든 이야기

이건 증오의 시대에 피어난
사랑에 대한 이야기
어떤 고난도 갈라놓을 수 없었던
나일 강변에서의 사랑
전쟁 속에서 피어난 사랑 이야기

Fortune Favors the Brave _용감한 자에게 행운을

모든 일을 이루고 내 길은 거칠 것 없네
드넓은 나의 꿈이
광활한 승리를 향해 펼쳐지리

우연이란 없어
운명도 없는 거야
내가 살아가는 길
우리가 스스로 만드는 거야

The Past is Another Land _과거는 또 다른 땅

당신은 날 몰라 우리의 텅 빈 가슴을
당신 같은 사람이 알 리가 없지
우리의 지혜, 지식, 부, 모든 것을 빼앗고
우리의 영혼까지 원하고 있지
하지만 절대 빼앗기지 않아

과거는 이젠 저 멀리
손이 닿지 않는 곳으로 사라졌어
침략자들의 목소리에
무참하게 짓밟혀
어린 시절의 영원한 꿈들은
산산이 부서져 버렸지

My Strongest Suit _최고의 예복

살다 보면 우리는 좋든 싫든
수많은 일을 마주하지
헬스, 피트니스, 다이어트, 품위와 매너
그리고 의미 없는 격식들

멋진 대화? 위트? 믿을 게 못 돼
매너? 교양? 그것도 필요 없지
그러니 내면은 잊고 외모만을 봐
내가 입은 옷, 그게 나야

넌 언제나 어디서나
보이는 게 전부야
타협은 절대 없어, 대체할 수도 없지

Dance of the Robe _댄스 오브 로브

내게 바라는 걸 알지만 난 두려워
지도자가 되어야 한다는 사실도
내 몸속에 흐르는 왕족의 핏줄
거부할 수 없다는 것도 알아
허나 지금의 내가 해낼 순 없어
난 못해, 난 못해

아이다! 아이다!
우리가 바라는 것은
당신의 의무, 지혜, 용기
그 이상도 이하도 요구하지 않아
아이다! 아이다!

Not Me _내가 아닌

사랑이 이렇게 좋은 걸 나는 몰랐어
세상이 이렇게 아름다운 것도 나는 알지 못했어
누가 상상이나 했을까
영원히 함께하고 싶어 모든 것을 내던질 줄을

Elaborate Lives _정교한 인생

우리가 살아가는 복잡한 인생들
야망으로 가득 찬 시야

그런 시간들 속에서 우리 사랑이
어떻게 살아남을 수 있을까

우릴 갈라놓는 수많은 선택
그런 사랑은 싫어
단지 너의 마음을 원할 뿐인데
아마 지금 고백이 시작되겠지

The Gods Love Nubia _신이 사랑한 누비아

꿈속의 어린 시절
자유롭던 그때로
그리운 그곳으로
다시 한번 돌아가고 싶어

신의 사랑 누비아
영원한 믿음
비록 짓밟히고 깨져도
내 마음속에 남아 있어

부서진 누비아
이건 한순간일 뿐
내 몸은 찢어져도
내 영혼 불타올라

내 몸은 찢어져도

내 영혼 불타올라

하지만 누비아의 왕이자 아이다의 아버지인 '아모나스로'가 붙잡혔다는 사실을 알게 되면서 아이다는 슬픔에 빠집니다. 암네리스 역시 라다메스와 아이다의 관계를 알게 되어 깊은 고민에 빠지죠. 결국 아이다는 메렙과 함께 라다메스와 암네리스의 결혼식 날, 아모나스로를 탈출시킬 계획을 세웁니다.

라다메스와 아이다의 관계를 알게 된 조세르는 두 사람을 추격합니다. 하지만 아이다는 살아남아 결혼식 날 아모나스로와 탈출합니다.

이들을 쫓아온 조세르가 두 사람을 죽이려 하지만 메렙은 희생으로 이들을 지켜냅니다. 그러나 아이다는 마지막 순간까지 조국에 대한 마음과 라다메스를 향한 사랑 사이에서 갈등합니다.

아이다는 조국으로 돌아가는 대신 라다메스와 함께하기를 선택하고, 이집트 군대는 조세르와 라다메스, 아이다를 체포합니다.

파라오는 그들을 처형하려 하고 암네리스는 사랑했던 라다메스와 좋은 친구였던 아이다에게 자비를 베풀지만, 두 사람이 모래사막에 함께 매장될 수 있도록 해주는 것이 최선이었습니다. 결국 두 사람의 사랑은 죽음으로 완성됩니다.

A Step Too Far _너무 먼 한 걸음

나는 혼란에 빠졌어

낯설어 내 모습이

얼빠지고 낙담한 채

수렁에 빠진 것 같아

모든 걸 다 내 뜻대로

쉽게 해 왔었는데

이런 기분 모르겠어

사랑의 괴로움을

사랑의 괴로움을

그를 사랑하는 나의 마음

잘못일 수 있겠지

나의 성급한 열정이

내 나라를 저버린 걸까?

여기 아닌 다른 데라면

함께 할 수 있는데

나는 반역자인 걸까?

너무 멀리 온 걸까?

너무 멀리 온 걸까?

Easy as Life _인생처럼 쉬운 일

지금 이 순간
신들은 원하겠지 나약한 내 모습을
하지만 난 아냐
내 자신은 내 스스로 지키겠어
그렇게 쉽게 쓰러지지 않아

나는 영원히 그를 생각하겠지만
지금 선택해야 하는 건
그를 떠나보내고
또 다른 사랑,
나의 나라 나의 민족

신들 앞에 당당하기 위해
저 하늘에게 구원받기 위해
아주 쉬운 방법이지
인생처럼 쉬운 방법
마치 인생처럼 쉬운 방법

Like Father, Like Son _아버지와 아들처럼

당신의 악행을 강요하지 마세요
아버지의 생각을 물려받지 않았어요
나는 알 수 없었고, 잘못된 일을 했지만

하지만 이제는 알아요
비난을 하더라도 아버지를 따르지 않아요
주어진 운명을 따르라는
그 말 역시 틀렸어요

Radames' Letter _라다메스의 편지

미안해 내가 했던 모든 말들
그리고 하지 못했던 모든 말들
세상일이 복잡할 때

우리 삶은 단순했으면 해
내가 원하는 것은 세상이 아니라
단지 당신 하나뿐

당신에게 직접 전하고 싶지만
우리에겐 시간이 없어, 그럴 수 없지
그래서 이 편지로 대신해
당신을 사랑해

Written in the Stars _별에 쓰여 있어

다시는 만나지 않기로 해요
헤어짐은 간단해요 한마디 말이면 돼요
한평생 서로가 살아가는 것을 모른 채

당신은 나를 생각하고 걱정하겠지만
사랑했던 시간을 추억하면 돼요

나의 마음 어떨지 이미 알고 있잖아
남은 내 인생도 너무나 분명해
지금부터 한평생 죽는 날까지
너를 그리워하며 괴로워하겠지
진실한 사랑 이룰 수 없는 것일까

이게 하늘의 뜻일까?
벌을 받는 것일까?
단지 진실한 사랑을
원했던 것뿐인데?

신의 시험인 걸까?
거부할 수 없는
우리 사랑 허락된 것은
이 순간뿐일까?

I Know the Truth _난 진실을 알아
내 시간 이제는 끝났고
다신 오지 않아
이 세상을 모두 가진 채로

나 혼자였던 거야

Every Story is a Love Story (Reprise) _이 세상의 모든 이야기 (반복)

무덤 깊은 곳에서 따스한 빛이 흘러나와

왕위에 오른 나의 앞길을 이끌어주었지

전쟁을 멈추어야 한다는 확신을 주었지

연인들의 죽음이 평화를 탄생시켰네

그들의 이야기와 나의 여정은

이제 모두 끝이 났지만

사랑만은 끝이 없이 영원해

이들의 사랑과 죽음이 두 나라에 평화를 가져왔다는 결말로 이야기는 끝이 나고 배경은 다시 현대의 박물관으로 돌아옵니다. 이야기를 듣는 이들은 아이다와 라다메스를 꼭 닮았습니다. 이들이 서로에게서 운명을 느끼는 모습을 바라보며 암네리스의 미라는 다시 잠들게 됩니다.

주세페 베르디가 작곡한 오페라 〈아이다〉를 원작으로 하는 이 극은 화려한 조명을 활용하여 비극의 시대에 꽃핀 사랑 이야기를 절절하게 전하고 있습니다. 시대 속, 주어진 운명과 자신의 감정, 바람, 그리고 사랑 사이에서 갈등하는 이들의 모습은 관객들에게 거대한 사랑의 숭고와 안타까움을 느끼게 합니다.

운명의 길 앞에서도 인물들은 그저 자신에게 충실한 선택을 하며 살아갔고 이렇게 인물들이 써 내린 역사는 어떤 결말을 맞이했든, 영원 같은 시간이 지나고도 죽음을 맞지 않았습니다. 삶을 되찾겠다는 희망과 당위적인 악의에 맞서는 용기, 평화를 향한 믿음, 그리고 가장 아름다운 사랑 이야기가 관객들에게 꿈같은 시대의 한순간을 선사합니다.

넘버

1막

Every Story is a Love Story _이 세상의 모든 이야기

Fortune Favors the Brave _용감한 자에게 행운을

The Past is Another Land _과거는 또 다른 땅

Another Pyramid _또 다른 피라미드

How I Know You _내가 너를 아는 법

My Strongest Suit _최고의 예복

Enchantment Passing Through _매혹은 지나가고

My Strongest Suit (Reprise) _최고의 예복 (반복)

Dance of the Robe _댄스 오브 로브

Not Me _내가 아닌

Elaborate Lives _정교한 인생

The Gods Love Nubia _신이 사랑한 누비아

2막

A Step Too Far _너무 먼 한 걸음

Easy as Life _인생처럼 쉬운 일

Like Father, Like Son _아버지와 아들처럼

Radames' Letter _라다메스의 편지

How I Know You (Reprise) _내가 너를 아는 법 (반복)

Written in the Stars _별에 쓰여 있어

I Know the Truth _난 진실을 알아

Elaborate Lives (Reprise) _정교한 인생 (반복)

Every Story is a Love Story (Reprise) _이 세상의 모든 이야기 (반복)

아이다의
대표넘버를 감상해보세요!

3-2

두 개의 세상이 충돌할 때

: 닥터 지바고

'유리 지바고'는 러시아 혁명기의 의사이자 시인입니다. 그는 모스크바 귀족의 아들로 태어났지만 8세에 고아가 되어 '그로메코' 집안에 입양되어 성장합니다.

그는 그로메코 가의 딸 '토냐'와 결혼을 약속하고 제1차 세계대전에 군의관으로 참전하는데, 전쟁터에서 '라라'를 만나 호기심을 갖게 됩니다. 라라는 아버지를 잃고 불우한 환경에서 자라며 러시아 고위법관인 코마로브스키와 원치 않는 관계를 지속해 왔습니다.

결국 견디지 못한 라라는 코마로브스키를 향해 총을 쏘게 되고 바로 이곳에서 지바고를 마주친 것입니다. 하지만 라라는 사라져버렸고 지바고는 토냐와 결혼합니다.

그 사이, 라라는 혁명가 '파샤'와 결혼합니다. 하지만 파샤는 라라의 과거를 알게 되자 마음에 상처를 받고 입대합니다.

라라는 사라진 파샤를 찾기 위해 간호사로 참전하고 전쟁터에서 다시 지바고를 만나게 됩니다. 이들은 사랑에 빠져버리고 머지않아 제1차 세계대전은 끝이 납니다.

그렇게 지바고는 모스크바로, 라라는 유리아틴으로 각자의 고향으로 돌아가게 됩니다. 하지만 전쟁 이후 러시아의 정세는 많은 것이 바뀌었고 귀족 출신이기 때문에 혁명정부 아래로 돌아갈 수 없었던 지바고와 토냐는 토냐의 고향인 유리아틴으로 향합니다.

Two Worlds _두 세계

거대한 산맥이 가른 두 개의 세상
기쁨과 절망이 등을 맞댄 러시아
귀족과 천민의 나라 칼날과 쟁기의 나라
겸손과 자만이 서로 목을 죄는 곳

러시아 두 개의 세상
새롭고 오래된 세상
얼음과 불꽃의 세상
가난과 추위와 함께 장엄한 투쟁 펼치는
죄악과 구원의 세상
폭풍 속의 세상
그 누가 알 수 있나

두 개의 세상이 충돌할 때

다가올 미래

Who is She? _그녀는 누구지?

불타는 두 눈 폭풍우처럼 떠나간 그대

세상 누구도 그 무엇도 두려워 않는가

막이 내리고 빈 극장 가득 정적이 흘러도

떠나지 못한 관객처럼 날 사로잡은

그 얼굴 그 눈빛 누구일까

When the Music Played _음악이 연주될 때

난 흐르는 음악에 몸을 맡겼어

행복한 꿈이야 모든 건 괜찮아

음악 소리에 난 눈을 감았어

달콤한 멜로디가 내겐 천국 같았어

용서해 줄래

과거는 잊고 슬픔도 잊고

나의 눈을 봐

어느새 음악에 씻겨 사라져

이제는 완전한 내일이 올 거야

그래 음악에 몸을 맡겨 나는
이제 속삭여줘
내 사랑 나의 이름을

Watch the Moon _달을 보라

달빛을 바라보며 서로를 생각하자
돌아오는 그 날까지 같은 달을 바라보며
폭풍우 몰아치고 온 세상이 어두울 때
은빛 구름 그 너머에 언제나 서 있을게

하루가 평생 같겠지 태양빛 아래
힘겹다 해도 어둠이 감싸올 때
저 달빛을 바라보며 봄날을 그려
다시 만날 그날까지 달빛되어 그대 곁에

태양빛 아래 참혹한 광경
달빛은 무심히 비껴가고
들판에 누운 청년들 영문을 모른 채
차가운 저 하늘 아래 딱딱히 굳어가네
난 왜 살아남고 저들은 왜 떠났는가
침묵하는 달빛 아래 또 하루를 견뎌

Forward March for the Czar _차르를 위한 전진

신이여 제 기도를 들으사 저에게 용기를 주소서
무기 없는 어린 병사들 저만 믿고 따라오니
저의 두려움을 숨겨주시고 그들을 구해 주소서

여기서 쓰러진다면 누가 내 죽음을 알까
봄이 올 때까지 이 들판에 묘비 없이 누워있겠지
총알이 날아들 때 용감히 맞서게 하소서
내가 죽는다면 내 사랑에게 끝까지 싸웠다고 전해 줘요

Something in the Air _공기 중 무언가

바람이 불어오네 막혔던 벽이 무너지고
천지에 전류가 통한 듯 짜릿하고 낯선 세상
어떤 의미일까 알 수 없지만
새로운 바람이 불어오네

Now _지금

어두운 텐트 속 몸을 누이고 너에게 편지를 써
한 번도 말하지 못한 말들이 자꾸 맴돌고 있어
바보 같고 서툴지 모르지만 진심이 전해질까
하늘의 별들도 말해야 한다고
용기를 주듯이 반짝이는 이 밤

더는 숨길 수 없어서

감출 수 없어서 말하려 해

지금이야 내일이면 늦어

기다릴 수 없어 더 이상은

넌 피어날 꽃처럼 타오르는 불꽃처럼

나를 자유롭게 해 나를 타오르게 해

내 모든 고통을 사라지게 해

Blood on the Snow _눈과 피

눈밭의 피 헛된 전쟁 위해

흩뿌려진 형제의 피

총을 놓으리라 반역일지라도

목적 없이 죽어갈 수는 없어

의미 없는 전쟁은 뒤로하고 고향으로

시련 속에서 더 강해진 채로

나는 전쟁터를 떠난다

자유의 불꽃 들판 너머 지평선까지

In This House _그 집에서

장터로 향하던 골목길

새들의 지저귐 소리

봄이 가고 다시 봄이 찾아왔었지
모든 걸 마음속에 새기리
내 맘속에 내 영혼 속에

장터로 향하던 골목길
새들의 지저귐 소리
봄이 가고 다시 봄이 찾아왔던 이곳
안녕히 순결한 도시여
희망이 가득한 곳
영원히 잊지 못하리라
꿈에서도 잊지 못하리

유리아틴에는 도서관 사서로 일하는 라라가 있었습니다. 지바고는 라라의 행방을 알게 되지만 가족에 대한 책임감으로 인해 선뜻 라라에게 다가가지 못합니다.

하지만 두 사람은 결국 서로의 사랑을 확인합니다. 지바고가 라라와 토냐 사이에서 혼란을 겪는 사이 라라의 남편, 파샤가 라라와 지바고의 관계를 알게 됩니다. 파샤는 지바고를 비정규군 캠프에 끌고 가도록 지시하였고, 지바고는 얼마간 감금된 채로 생활하게 됩니다.

캠프에서 끔찍한 생활을 이어가던 지바고는 자신의 모습

에 경멸을 느껴 탈출을 시도하고 라라와 재회하게 됩니다. 유리아틴에서도 압박을 피할 수 없었고 지바고의 생사까지 알 수 없었던 토냐와 가족들은 이미 러시아를 떠나버렸습니다.

둘만 남게 된 라라와 지바고는 서로의 사랑을 다시금 확인합니다. 하지만 지바고는 라라를 위해 이별을 선택하고 떠나보내고 맙니다.

Ashes and Tears _재와 눈물

심장이여 뛰어라 더운 피로
내 모든 발걸음을 이끌어 달리게 하라
말해 다오 삶은 헛되지 않다고
하얀 재처럼 허무한 눈물처럼
흩어지지 않으리니

너의 모든 발걸음 너의 모든 땀방울
타버린 재처럼 헛되고 헛되니
끝없는 눈밭에 뿌려질 초라한 피
너에게 남은 것은 영원한 지옥뿐

On the Edge of Time _벼랑 끝의 시간에서

내가 살아온 이유 살아갈 이유
내가 이 세상에 있는 이유

바로 그대 벼랑 끝의 시간에

Now (Reprise) _지금 (반복)

내일은 오지 않을지 몰라

하지만 이게 끝이 아냐 사랑해

On the Edge of Time (Reprise) _벼랑 끝의 시간에서 (반복)

이제 그림자가 내리고

그대는 밤이 되어 부드럽게 나를 둘러싸

별은 그대의 눈이 되고

바람이 그대 목소리 되어 내 곁에 속삭여

바다로 모래로 하얀 파도로

하늘과 수평선 하나가 될 때

그대가 비바람 속 나를 쉬게 하여

죽음이 와도 더 이상 두려움 없으리

모진 역사가 나를 덮쳐도

사랑은 찬란히 내게 남아

빛이 되리라

영원하리라

시간의 끝을 함께

보리스 파스테르나크의 소설 「닥터 지바고」를 각색한 뮤지컬 〈닥터 지바고〉는 원작의 감정과 분위기를 차분하고 부드러운 흐름으로 전달합니다. 은은하고 흰 조명은 관객을 인물들과 함께 눈밭에 서게 만들며, 섬세한 선율의 노래는 관객들의 감성을 자극합니다. 그 속에서 인간의 감정과 표현, 영혼과 삶, 모든 자유를 억압한 시대와 전쟁, 그리고 혁명의 순간을 함께하게 됩니다.

혼란의 역사와 낯선 대서사시는 관객에게 친숙하지 않지만, 시대와 운명, 그리고 우연이 겹치고 쌓인 끝에 자유로운 삶을 펼치지 못하고 마음껏 사랑하지 못하는 인물들의 감정은 관객을 절절한 감동 속으로 끌어들입니다.

원작이 러시아 혁명 이야기였다면, 뮤지컬은 혁명기에 피어난 주인공들의 사랑에 초점을 두고 있습니다. 원작과 또 다른 감동을 선사하는 이 뮤지컬은 2011년 2월 호주에서 초연할 당시 유료좌석 점유율이 89.7%에 달하는 돌풍을 일으켰습니다. 한국에서는 2012년에 초연되어 관객들에게 소설과 영화의 감동을 다시금 되새겼습니다.

넘버

1막

Two Worlds _두 세계

Komarovsky's Toast _코마로브스키의 축배

Who is She? _그녀는 누구지?

Wedding Vows _혼인 서약

It's a Godsend _신의 은총

When the Music Played _음악이 연주될 때

Watch the Moon _달을 보라

Forward March for the Czar _차르를 위한 전진

Something in the Air _공기 중 무언가

Now _지금

Blood on the Snow _눈과 피

The Perfect World _완벽한 세상

Komarovsky's Toast (Reprise) _코마로브스키의 축배 (반복)

A Man Who Lives up to His Name _이름값 하는 남자

In This House _그 집에서

2막

Women and Little Children _여인들과 어린이들

No Mercy at All _자비는 모두에게 향하지 않는다

In This House _이 집에서

Love Finds You _사랑은 당신을 찾고

Nowhere to Run _달아날 곳 없는

It Comes as No Surprise _놀라지 않고

Ashes and Tears _재와 눈물

Watch the Moon (Reprise) _달을 보라 (반복)

On the Edge of Time _벼랑 끝의 시간에서

Now (Reprise) _지금 (반복)

Blood on the Snow (Reprise) _눈과 피 (반복)

On the Edge of Time (Reprise) _벼랑 끝의 시간에서 (반복)

닥터 지바고의
대표넘버를 감상해보세요!

3-3

빌려온 시간을 살아가며 사랑하다

: 마타 하리

'마타 하리'는 네덜란드 출신의 무용수로 '새벽의 눈'이라는 뜻의 예명입니다. 그는 제1차 세계대전 당시 스파이로 활동하였으며, 끝내 프랑스 경찰에 체포되어 사형을 당합니다. 뮤지컬은 실존 인물 마타 하리의 일대기를 그리고 있으며, 역시 제1차 세계대전의 프랑스를 배경으로 합니다.

이국적이고 신비로운 '사원의 춤'으로 인기를 끌며 유럽 전역의 유명인사가 된 마타 하리. 그에게 어느 날 프랑스 정보부의 '라두 대령'이 찾아옵니다. 그리고 마타 하리에게 스파이로 활동할 것을 요구합니다.

마타 하리는 유명인사로서 유럽의 고위 간부들과 친분이 있으며 국경을 자유롭게 드나들 수 있었기 때문입니다. 마타 하리는 이 요구를 승낙했지만, 라두 대령은 그를 믿지 못했고 공군 조종사 '아르망'에게 그에게 접근하라 지시합니다.

라두 대령의 의도와 달리 센느 강변에서 마주친 아르망과 마타 하리는 사랑에 빠지게 됩니다. 서로에게 호감을 느낀 두 사람은 리옹에서 만날 것을 약속합니다.

그럼에도 아르망은 라두 대령에게 마타 하리의 행적을 보고하고 있었는데, 라두 대령마저 마타 하리와 잦은 접촉에서 그의 매력에 빠져버리고 맙니다.

결국 아르망에게 질투를 느낀 라두 대령은 아르망을 위험 지역인 독일의 비텔로 보내버렸고, 마타 하리는 아르망을 만나기 위해 비텔로 가고자 했습니다.

아르망에게 떠나려는 마타 하리에게 라두 대령은 모든 것이 자신의 계략이었음을 밝힙니다. 하지만 마타 하리는 아르망에 대한 믿음으로 비텔로 가려고 합니다.

I Won't Go Back _돌아갈 수는 없어

지난날로 또 그때로 돌아갈 수는 없어
나의 몫이 아닌 삶을 살 순 없어
방구석에 숨죽이며 우는 아내의 삶
목숨까지 빼앗겨도 싸울 거야
어떤 수를 쓰더라도 돌아가지는 않아

어떤 수를 쓰더라도

내가 지켜 만든 이상
포기 못해 돌아갈 수는 없어

The Girl I Used to Be _예전의 그 소녀

내일을 기다리고 과거를 잊게 해 삶을 살아가듯
내 위태로운 삶이 조금씩 숨을 쉬어
꺼져가던 꿈이 지금 내 앞에 찬란히 빛나
그로 인해 난 날 찾게 됐어

참 이상하지 정말 신기해
그와 말 할 땐 말이 그냥 흘러나와 삶을 돌아보듯
세월 흩어져 다시 돌아가
사랑 앞에 설레던 해맑은 소녀가 내 안에 살아나

From Way Up There _저 높은 곳에서

바람결 따라 운명을 맡겨
저 높은 곳에서
보려 한다면 꿈꾸던 세상을 봐

세상이 좀 더 새로워져
더 진실하고 공평해 보여
저 높은 곳에서
마음을 열면 삶의 진리도 열려

If You Fall _떨어질 때

여러 번 죽는 거 아냐
영웅은 단 한 번
어차피
우린 빌려온 시간을 살아가는 삶
언젠간 우리의 행운도 끝나지
언제 어디일지 몰라

추락할 땐 불 속에 영웅답게
우리에겐 서로뿐 하나답게
추락할 땐 즐겨 용기와 자유를
내 생의 마지막 전쟁

비텔로 가려는 마타 하리를 프랑스가 막아서자 마타 하리는 변장까지 하며 아르망을 만나고자 합니다. 마타 하리는 아르망과 재회하지만 배신의 충격을 피할 수는 없었습니다.

결국 그들의 이야기는 순조롭게 흘러가지 못합니다. 라두 대령이 마타 하리를 이중 스파이로 꾸미고 아르망까지 죽이고자 계략을 꾸미기 시작하기 때문입니다.

극은 결국 실존 인물의 일생처럼 마타 하리가 프랑스 군인에게 체포되어 총살당하는 것으로 이야기가 끝이 납니다.

Some Place _어딘가

긴 시간 흐른 뒤에

이 길 어딘가

그 누구도 우리를 찾지 않는 그곳

그곳에서 같은 꿈을 갖기로 해

One More Day _단 하루

단 하루 우리 둘만의 평범한 일상

단 하루 치열하게 삶을 즐길 밤

단 하루 그녀의 춤 그 미소를 보게

한 번의 키스라도 한 번의 눈빛

다시 그 숨결 느끼도록

단 하루만 내게 주소서

One Last Time _마지막 순간

마지막 태연한 표정으로

키스를 우아하게 보내고

조심히 잊지 못할 기억을 줘

음악이 끝난 후에도 영원할 내 춤을

두 사람의 소중한 추억만 사랑의 약속만

스쳐 지나간 평범한 날들의 행복만

내 품에 남길게

내 사랑은 영원해 걱정 마 기억해 줘

내 운명에 당당히 맞설게
아픔도 잊은 채
어떤 미움도 후회조차 남지 않도록
생이 끝나갈 때
저 높은 곳 나를 기다려줄 그대를 찾을게

극 속의 〈마타 하리〉는 아름답고 매혹적인 붉은색으로 묘사됩니다. 전쟁으로 인해 색을 잃고 침잠한 도시에 등장한 마타 하리는 등불과 같은 존재였습니다.

수많은 이들이 열광하고 사랑하는 존재, 하지만 정작 그 자신은 전쟁이라는 상황과 외부의 악의를 견뎌야 했습니다. 거부할 수 없는 운명 속에서 자신을 지켜내기 위해 춤을 추는 마타 하리의 모습은 전쟁과 시대, 악역인 라두 대령뿐만 아니라 관객의 시선마저 부드럽게 속여 넘깁니다.

전쟁의 포화 속에서 운명의 소용돌이에 빠진 마타 하리. 그의 일생을 토대로 한 뮤지컬은 매력적인 인물과 홀릴 듯한 붉은 빛 사이로 사랑에 대한 열정, 삶에 대한 갈망을 보여줍니다. 마타 하리의 간절하고 애절한 마음이 스며들 듯 관객들에게 와닿을 것입니다.

넘버

1막

Overture _서곡

Let the Dance Begin _춤을 시작해

Temple Dance _사원의 춤

Be a Spy _스파이가 되어

I Won't Go Back _돌아갈 수는 없어

From Way Up There _저 높은 곳에서

Ten Thousand _수천 명의 목숨

I Wonder Who _누구와

The Girl I Used to Be _예전의 그 소녀

If You Fall _떨어질 때

The Thousand (Reprise) _수천 명의 목숨 (반복)

Becoming Mata Hari _마타 하리가 되다

Didn't Mean to _안 되는데

Be a Spy (Reprise) _스파이가 되어 (반복)

Be Careful with Your Heart _내 마음을 조심해

Man to Man _남자 대 남자

Some Place _어딘가

2막

Entr'acte _서곡

On the Edge of a Knife _칼날의 끝

One More Day _단 하루

Because of You _너 때문에

Because of You (Reprise) _너 때문에 (반복)

All I Want _내 길은 하나

To Catch a Spy (Reprise) _스파이를 찾아 (반복)

All I Want (Tag) _내 길은 하나 (태그)

A Soldier Falls _또 한 명

What am I to Do? _이제 어디로?

Ordinary Lives _평범한 일상

Through You _너를 통해

All that Had to Do _끝내야 할 임무

Temple Dance _사원의 춤

Man to Man (Reprise) _남자 대 남자 (반복)

C'est la vie (Reprise) _인생이란 (반복)

When the Trumpets Fade _나팔소리가 잦아든 후에

One Last Time _마지막 순간

마타 하리의
대표넘버를 감상해보세요!

3-4

거짓 같은 삶 속에서 만난 당신

: 미스 사이공

베트남 전쟁이 끝나가는 무렵, 미군 '크리스'는 미군 장교 '존'과 함께 '엔지니어'가 운영하는 사이공(수도 호찌민의 옛 이름)의 한 클럽에 방문합니다. 그곳에는 전쟁에서 부모를 잃고 고아가 된 베트남 소녀 '킴'이 있었고, 크리스는 킴을 보곤 사랑에 빠져버립니다.

하지만 크리스는 전쟁이 끝나면 베트남을 떠나야 했기 때문에 사랑에 빠진 것을 혼란스러워했고 킴에게 클럽을 떠나라며 돈을 주려 합니다. 킴은 이를 거절하면서 자신의 사정을 말해 주고 둘은 마음이 통해 서로 사랑하게 됩니다.

크리스는 엔지니어와 협상하여 킴을 미국으로 데려가려 합니다. 클럽 직원들의 축하 속에서 결혼식도 올리게 됩니다.

하지만 과거 킴과 약혼했던 '투이'가 나타나 크리스와 대치합니다. 크리스의 강경한 태도에 투이는 결국 돌아가고 크리스와 킴은 함께 미국으로 갈 것을 약속합니다.

시간이 흘러 호찌민 정부가 들어서고 미군이 급히 베트남에서 철수합니다. 크리스는 혼란스러운 상황 속에서 헬기를 타게 되어 킴을 미국으로 데려가는 데 실패합니다.

결국 킴은 홀로 베트남에 남아 아들 '탬'을 키우게 되었는데, 미군에게 협조한 죄로 빈민가에 숨어 고된 나날을 보내고 있었습니다.

그런데 어느 날, 정부 관료가 된 투이가 킴을 발견합니다. 투이는 킴의 아들 탬을 보고 분노하여 아이를 죽이려 하고, 킴은 아이를 지키기 위해 투이를 죽여 버립니다.

이들의 사정을 알게 된 엔지니어는 킴과 탬을 이용하면 미국으로 갈 수 있다는 생각에 그들이 방콕으로 도망치도록 도와줍니다.

Why God Why _신은 왜

어째서 사이공은 잠을 못 이루나
왜 저 소녀에게서 오렌지 나무 향기가 날까
옳은 일을 한 적도 없는데 왜 기분이 좋을까
바람 한 점 없는데 왜 이리 상쾌할까

베트남,

아무리 물어도 대답이 없구나

그저 끝없는 질문뿐

Sun and Moon _해와 달

당신은 햇살 나는 달빛

행운의 신들이 맺어준 우리

자정에도 정오에도

하늘을 나눠 갖는

당신과 나, 우리는 하나

날이 밝아오지만

너의 달은 아직 높이 떠 있어

새들은 잠에서 깨어나고

별들도 빛나고 있지

The Wedding Ceremony _결혼식

오늘은 나를 위해 웃어주세요

그 사람을 호의를 담아 바라봐주세요

딸의 마음을 용서해 주세요

두 분이 계신 하늘에서

우리의 사랑을 축복해 주세요

The Last Night of the World _세상의 마지막 밤

아무것도 느낄 수 없는 곳에서
모든 게 거짓 같은 삶 속에서
당신을 만났죠

모든 게 빠르게 흘러갈 세상에서
모든 게 영원할 수 없는 세상에서
당신을 지킬 거예요

세상 저편
삶이 여전히 가치 있는 곳으로
당신을 데려갈게요

색소폰 솔로곡이 연주되죠
나와 함께 머물러요
나를 꼭 안고서
오늘 밤이 이 세상의 마지막 밤인 듯
함께 춤을 춰요

I Still Believe _나는 아직 믿죠

그래요 아직, 난 아직 믿어요
그대를 믿는 마음으로 나는 살아가요
나는 살아가요, 사랑은 영원하니, 당신은 돌아오겠죠

당신은 꼭 돌아올 거예요, 그 이유는 나만이 알죠

나에게 말해주세요
숨기지 않아도 돼요
무엇이 당신을 아프게 하나요

Coo-Coo Princess _쿠쿠 공주님

내 영혼 깊은 곳 어딘가
작은 빛이 반짝이고 있어
어떤 바람도 끌 수 없도록
어두움 밤을 밝게 밝히며
밤의 어둠 속에서 타올라

네가 모르는 비밀이 있어
내가 절대 보여주지 않은 것
내가 지키는 맹세를 반역이라 말하지만
매 계절을 지나
어떻게든 나는 살아남았어

한편 그리고 존은 '부이도이(Bui-Doi)'들의 아버지를 찾아 주는 구조 기관에서 일하고 있었는데, 부이도이는 베트남 전쟁 중 미군 아버지와 베트남 어머니 사이에서 태어난 아이들을 뜻하는 말입니다. 존은 킴과 크리스의 아들이 방콕에서 지내고 있다는 사실을 알게 되어 크리스에게 알려줍니다.

하지만 크리스는 킴이 죽었다고 생각하여 '엘렌'과 결혼하여 살아가고 있었습니다. 킴의 소식에 고민하던 크리스는 아내 엘렌에게 모든 것을 털어놓고 방콕으로 향합니다. 킴은 크리스가 온다는 소식에 행복에 잠기지만, 정작 크리스는 아내 엘렌과 함께 나타났습니다.

결국 킴은 아이만이라도 미국으로 데려가 행복하게 키워 달라고 부탁합니다. 하지만 엘렌은 양육비를 지원해 줄 수는 있지만, 아이를 데려갈 수는 없다고 거절합니다. 크리스 역시 아내인 엘렌의 뜻을 따르려 합니다.

I'd Give My Life for You _내 목숨 너를 위해 바칠 거야

아무것도 모르는 너
고통을 겪어야 하나
누구도 널 해칠 수 없게
나의 목숨을 다 바칠 거야

이 모든 게 꿈이었나
날 웃고 울게 했던
하지만 여기에 있어
그의 아들이 있어

신이시여 그를 데려와요

바라는 건 다 될 거야
하늘이 주신 모든 것
네 행복을 위해서라면
내 목숨 다 바칠 거야

Bui Doi _부이도이

그들의 이름은 부이도이
삶의 먼지라는 뜻
지옥에서 잉태되어
전장에서 태어났네
그들은 살아있는 증인

우리는 잊을 수 없고
우리는 잊어서도 안 돼
그들 역시 모두가
우리의 아이들이라는 걸

Now that I've Seen Her _드디어 그녀를 보았지

삶에 구름이 드리우는 날들이 있지
그리고 세상은 어두워지는 날
낮과 밤을 구분할 수 없는 날

그런 때가 있지
네 마음의 눈물은 그치지 않아
진실은 차갑고 현실적이지
난 이 폭풍이 끝나지 않을 걸 알아

당신이 없는 삶이 얼마나 고통스러울지 알아
하지만 운명이 나나 그녀에게 걸려 있다면
난 기다리지 않아, 난 싸울 거야

Little God of My Heart _내 마음속의 작은 신

너는 여전히 나의 아이란다
하지만 나는 함께 갈 수 없어
너무 슬퍼하지 말렴
멀리에서도 항상 너를 지켜볼 테니

크리스와 엘렌의 결정과 달리 킴은 탬을 데려와 인사합니다. 엄마는 함께 갈 수 없지만 아빠를 따라 미국에 가서 행복하게 살라며 탬에게 이별을 말해줍니다.

그리고 크리스와 엘렌이 다시 킴을 찾았을 때 킴은 권총을 꺼내 자살해버립니다. 자신이 없다면 혼자가 된 아이를 크리스가 데려갈 것이라고 생각한 것이죠. 킴은 마지막으로 안아달라는 부탁을 남기고 크리스의 품에서 눈을 감습니다.

뮤지컬 〈미스 사이공〉은 〈오페라의 유령〉, 〈레 미제라블〉, 〈캣츠〉를 제작한 영국의 뮤지컬 프로듀서 캐머런 매킨토시의 대표작 중 하나입니다. 존 루터 롱의 소설이자 자코모 푸치니가 오페라화한 동명의 「나비 부인」, 그리고 베트남 전쟁 직후 베트남인 어머니가 미국인 아버지에게 아이를 보내는 사진 한 장에서 줄거리와 모티브를 얻었다고 합니다.

아픈 역사와 전쟁의 상처 속에서 서로의 시간이 어긋나 안타까운 결말을 맞은 킴의 사랑 이야기는 관객들의 눈물을 자아냅니다.

다만 최근에는 동양인에 대한 편견 어린 시선, 여성을 표현하는 잘못된 방식, 미국과 베트남의 일방적인 관계 등 여러 비판을 받고 있습니다.

하지만 전쟁으로 인해 사랑은 시련이 되고 삶은 절망이 된 이들의 모습은 관객의 삶과 역사를 돌아보게 만들기도 합니다.

사이공 함락 장면에서 등장하는 헬리콥터로 대표되는 현장감 있는 연출과 완성도 높은 곡들, 그리고 아이를 위하는 보편적인 감정과 킴의 간절한 사랑 이야기는 오랫동안 관객들의 연민을 자극하며, 1989년 초연 이후 오래도록 〈미스 사이공〉을 명작으로 만들어 주었습니다.

넘버

1막

The Heat is on in Saigon _뜨거운 이곳, 사이공

The Movie in My Mind _내 꿈의 한 장면

The Transaction _매매

Why God Why _신은 왜

This Money's Yours _이 돈은 너의 것

Sun and Moon _해와 달

Asking for Leave _휴가 계획

The Deal _거래

The Wedding Ceremony _결혼식

The Last Night of the World _세상의 마지막 밤

The Morning of the Dragon _용의 아침

I Still Believe _나는 아직 믿죠

Coo-Coo Princess _쿠쿠 공주님

You Will not Touch Him _내 아이를 건드리지 마

If You Want to Die in Bed _편히 죽고 싶다면

I'd Give My Life for You _내 목숨 너를 위해 바칠 거야

2막

Bui Doi _부이도이

What a Waste _쓰레기 인생

Please _제발

Kim's Nightmare _킴의 악몽

Sun and Moon (Reprise) _해와 달 (반복)

Room 317 _방 번호 317호

Now that I've Seen Her _드디어 그녀를 보았지

The Confrontation _대면

Paper Dragons _종이 용들

The American Dream _아메리칸 드림

Little God of My Heart _내 마음속의 작은 신

미스 사이공의
대표넘버를 감상해보세요!

3-5

짙은 어둠 속에서 듣는 유령의 세레나데

: 오페라의 유령

1905년 파리 오페라의 극장, 경매가 열리고 있습니다. 이곳에서 '라울'은 원숭이 모양 오르골을 낙찰받고 1880년대의 파리 오페라를 회상하기 시작합니다.

오페라의 프리마돈나 '칼롯타'의 저녁 리허설, 칼롯타를 향해 무대 소품이 떨어지는 사고가 일어납니다. 칼롯타는 무사했지만 안전에 위협을 느꼈고 단원들의 소홀한 대처에 실망합니다. 칼롯타는 무대에 서지 않겠다며 극장을 나가버리고 그 빈자리를 채우기 위해 '크리스틴'이 급히 무대에 서게 됩니다.

크리스틴은 칼롯타를 대신해 무대에 올라 노래를 부릅니다. 무대가 성공적으로 마무리되고 크리스틴에게 노래의 비결을 묻자 크리스틴은 '음악의 천사(Angel of Music)'가 자신의 선생님이라고 대답합니다. 그리고 크리스틴의 어린 시절 친구였던 '라울'이 크리스틴을 찾아옵니다.

라울과 크리스틴은 함께 음악의 천사에 대한 이야기를 나눕니다. 라울은 음악의 천사를 크리스틴의 공상이라 말하며 함께 저녁 식사를 하자고 합니다. 하지만 크리스틴은 이를 거절합니다.

라울이 돌아가자 화가 난 음악의 천사, 오페라의 유령이 거울 속에서 나타납니다. 그리고는 크리스틴의 노래만이 자신의 음악을 날게 할 수 있다며 '밤의 음악(Music of the Night)'을 만드는 일을 도와달라고 부탁합니다.

두 사람은 함께 오페라 하우스 아래, 비밀스러운 유령의 은신처로 향합니다. 유령에 대한 호기심을 느낀 크리스틴은 그곳에서 몰래 유령의 가면을 벗겨버리고 그의 흉측한 얼굴을 보게 됩니다.

유령은 크게 분노하여 크리스틴을 돌려보내고 비탄에 잠겨 버립니다. 한편 오페라 하우스는 새 오페라를 준비하고 있었습니다. 유령은 다음 공연에서 크리스틴이 카룻데의 역할을 대신할 것을 지시합니다.

단원들은 분노한 카룻데를 달래 공연을 올리지만 공연 중 카룻데의 목소리가 개구리의 울음소리처럼 들리고 단원 '조제프 뷔케'의 시신이 천장에 매달린 채 발견되는 사건이 일어납니다.

이를 본 크리스틴은 유령이 자신도 죽일 것이라는 두려움에 빠지고, 라울이 크리스틴을 데리고 무대에서 도망칩니다. 라울은 크리스틴을 지켜주겠다고 약속하고 두 사람은 사랑의 노래를 주고받습니다. 이 모습을 지켜본 유령은 분노하여 공연장에 샹들리에를 추락시켜 버립니다.

Think of Me _생각해 줘요

우리의 사랑이 영원하거나 변함없을 거라고
말하지 않았어요
하지만 만약 아직 기억한다면
잠시 멈춰 나를 생각해 주세요

꽃은 지고, 여름날의 과일도 시들어요
계절이 흘러가듯 우리도 마찬가지예요
하지만 약속해 줘요 가끔씩 나를 생각하겠다고

Angel of Music _음악의 천사

음악의 천사여, 더 이상 숨지 말아요
비밀스럽고 낯선 천사여

The Mirror _거울

아첨하는 아이야
너는 나를 알아야 해

내가 그림자에 숨는 이유를

거울 속 얼굴을 바라보렴

그 안에 내가 있으니

The Phantom of the Opera _오페라의 유령

잠결에 그가 나에게 노래했지

꿈속에 그가 나타나

나를 부르고 내 이름을 말하는 목소리

다시 꿈을 꾸고 있는 걸까

나 이제는 알았지

오페라의 유령이 존재한다는 걸

나의 마음속에

다시 나와 함께 노래해

우리의 낯선 듀엣을

당신을 향한 나의 힘이 커지고

당신은 나를 바라볼 수밖에 없게 되지

오페라의 유령이 존재해

당신의 마음속에

당신은 홀로 이곳에

하나의 목적을 안고 왔지

당신의 노래를 처음 들었을 때
나를 도와줄 당신이 필요했어
나의 음악을 노래하기 위해
나의 음악을

The Music of the Night _그날 밤의 노래

차갑고 무감각한 빛을 생각하지 마
밤의 음악을 들어봐
눈을 감고 어두운 너의 꿈속에 빠져들어 봐

지금까지의 삶에 대한 생각을 버려
눈을 감고 네 영혼이 날아오르도록
그럼 넌 이전과 다른 삶을 살게 될 거야

I Remember _기억나네 & *Stranger than You Dreamt It* _비밀스레 꿈꾸네

어둠 속 그 모습 누구였을까
가면 뒤 얼굴은 누구의 것일까

감히 쳐다보거나
상상할 수도 없을걸
지옥에서 불타는 이 혐오스러운 괴물
하지만 비밀스럽게 천국을 동경하지
하지만 크리스틴

두려움은 사랑으로 변할 수 있어
넌 그걸 배우게 될 거야
야수처럼 혐오스러운 모습
하지만 비밀스럽게 아름다운 꿈을 꾸지

All I Ask of You _바람은 그것뿐

어두운 이야기는 그만 해요
눈 속의 두려움을 잊어요
나 여기 있어요, 무엇도 당신을 해칠 수 없죠
나의 목소리가 당신을 평온하게 해줄 거예요

모든 순간 날 사랑하겠다고 말해줘요
여름날의 이야기를 나에게 들려줘요
당신 곁에 언제나 내가 필요하다고 말해줘요
약속해 줘요 그말이 모두 진실이라고
내가 바라는 건 그게 전부에요

나는 당신에게 음악을 주었고
너의 노래에 날개를 달아 주었지
그리고 너는 이제
나를 거부하고 배신하지
당신의 노래를 들으면
그는 당신을 사랑할 수밖에 없어

상들리에 사건으로부터 6개월이 지나고 극장에서는 가면 무도회가 열립니다. 그사이 약혼한 크리스틴과 라울도 함께 참여합니다. 그런데, 그곳에 유령이 나타나 자신이 쓴 오페라 '돈 주앙의 승리(Don Juan Triumphant)'에 크리스틴을 주연으로 내세워 즉시 제작하라고 요구합니다.

크리스틴은 절대 주연을 맡지 않겠다고 거부하지만, 라울은 반드시 크리스틴이 주연을 맡아야 한다고 주장합니다. 크리스틴의 공연을 보러 온 유령을 붙잡는 계획을 세웠기 때문입니다.

결국 크리스틴은 주연을 맡고 심란한 마음으로 아버지의 무덤을 찾아갑니다. 이때 유령은 다시 음악의 천사의 모습으로 나타나 크리스틴을 유혹하지만, 라울이 찾아와 크리스틴을 무사히 극장으로 데려갑니다.

마침내 유령을 잡기 위한 극의 막이 오릅니다. 크리스틴은 함께 노래하는 이가 남자 주역을 맡은 '피앙지'가 아니라 유령이라는 사실을 깨닫습니다.

유령은 반지를 선물하며 크리스틴에게 사랑을 고백하지만, 크리스틴은 유령의 가면을 벗겨 그의 흉측한 얼굴을 드러내 버립니다. 분노한 유령은 지하의 은신처로 크리스틴을 데려가고 라울은 그들을 쫓아갑니다.

Wishing You Were Somehow Here Again _다시 돌아와 주신다면

당신이 여기 어딘가에 있기를 바라요
당신이 가까이에 있기를 바라요
가끔은 그저 꿈을 꾸는 것 같아
왠지 당신이 여기 있을 것 같아요

당신의 목소리를 다시 듣고 싶어요
절대 그럴 수 없다는 걸 알지만
당신이 나에게 해줄 수 없는 것을 꿈꾸며

너무 많은 시간 동안
눈물을 참으며 지냈어요
왜 과거는 잊을 수 없을까요

작별 인사를 해야겠죠
용서하고 살아가는 법을 알려주세요
노력할 힘을 주세요
더 이상 기억도 눈물 흘릴 일도 없이
지나간 일을 되돌아보는 일은 의미 없으니
작별 인사를 하게 도와주세요

Wandering Child _방황하는 아이

너는 나를 부정하고

진정한 아름다움을 외면했지

날 피하지 말고

당신의 낯선 천사에게 오렴

The Point of No Return _돌아갈 수 없는 길

이미 돌이킬 수 없어

마지막 문턱이지

다리를 건넜으니 일어나 불길을 지켜봐

우린 이미 돌이킬 수 없는 곳까지 와버렸어

Down Once More _다시 한번 지하 세계로 &

Track Down This Murder _살인자를 쫓아서

다시 한번 검은 절망의 지하로 내려가

우리 함께 내 마음속 감옥으로 몸을 던져

지옥과도 같은 어둠으로 내려가는 길

넌 내게 물었지

왜 이렇게 어둡고 쓸쓸한 지하에 살고 있는지

모두가 두려워하는 얼굴을 가진 것

그것 말고는 아무런 죄가 없어

살인자를 쫓아라

그를 찾아야 한다

이 괴물을 사냥해야 해

오랫동안 숨어 지냈지만

이제 우리는 알고 있다

오페라의 유령이 여기,

끝없는 어둠 속에 있다

이젠 안녕, 타락한 천사

잘못된 나의 친구여

하나씩 하나씩

나의 환상이 깨져가

불쌍한 어둠의 피조물이여

당신은 어떤 삶을 살아왔나요

신이 내게 당신을 바라볼 용기를 주었어요

당신은 혼자가 아니에요

나를 잊어, 모든 것을 잊어라

나를 두고 떠나

네가 본 모든 것을 잊어라

당장 떠나라 그들이 널 찾지 못하게!

이 배를 타고 날 두고 떠나

지금 당장, 기다리지 말고

늦기 전에 그녀를 데리고 가

어서 가

지금 당장, 나를 떠나라

유령은 라울을 붙잡아 크리스틴을 협박합니다. 만약 크리스틴이 자신과 영원히 함께한다면 라울을 놓아주고, 그렇지 않다면 라울을 죽일 것이라며 크리스틴을 위협합니다.

유령에게 연민을 느낀 크리스틴은 그에게 혼자가 아니라며 상냥한 말을 건네고 다정하게 키스합니다. 크리스틴의 행동에 감동과 위로를 받은 유령은 라울과 함께 크리스틴을 풀어줍니다.

크리스틴은 유령에게 반지를 돌려주고 유령은 마지막으로 크리스틴에게 사랑을 고백합니다. 두 사람이 떠나고 남은 은신처에 유령은 홀로 남아 원숭이 오르골에서 흘러나오는 노래를 부릅니다. 군중이 은신처에 도착해 유령을 잡으려 했을 때는 그의 가면만이 그곳에 남아 있었습니다.

프랑스 소설가 가스통 르루가 집필한 동명의 소설을 원작으로 하는 〈오페라의 유령〉은 깊고 비극적이며 아름다운 사랑을 노래하는 뮤지컬입니다. 물론 유령의 사랑은 한편으로는 기형적이고 집착적인 광기의 모습입니다.

하지만 화려한 무대와 연출, 아름답고 섬세하게 상황과 감정을 그려내는 노래들 속에서 관객은 그의 깊은 마음에 공감하고 진심 어린 사랑의 아름다움과 섬세함을 느껴 함께 눈물을 흘립니다. 그리고 안타까움과 연민을 담아 인물들의 행복을 바라죠. 유령의 절절한 사랑 이야기 〈오페라의 유령〉은 1986년 초연 이래 지금까지 많은 이들과 함께하고 있습니다.

넘버

1막

Overture _서곡

Think of Me _생각해 줘요

Angel of Music _음악의 천사

Little Lotte _어린 소녀 로티

The Mirror _거울

Angel of Music _음악의 천사

The Phantom of the Opera _오페라의 유령

The Music of the Night _그날 밤의 노래

I Remember _기억나네

Stranger than You Dreamt It _비밀스레 꿈꾸네

Magical Lasso _마법의 올가미

Notes _메모들

Prima Donna _프리마돈나

Poor Fool, He Makes Me Laugh _어리석은 노친네

Why Have You Brought Me Here? _여긴 왜 온 거죠

Raoul, I've Been There _라울, 난 그 곳에 간 적이 있어요

All I Ask of You _바람은 그것뿐

All I Ask of You (Reprise) _바람은 그것뿐 (반복)

2막

Entr'acte _서곡

Masquerade _가면무도회

Why So Silent? _아니, 왜들 조용해?

Notes _메모들

Twisted Every Way _모든 것이 엉망

Wishing You Were Somehow Here Again _다시 돌아와 주신다면

Wandering Child _방황하는 아이

The Opera House Before the Premiere _공연 직전

A Rehearsal for Don Juan Triumphant _돈 주앙의 승리

The Point of No Return _돌아갈 수 없는 길

Down Once More _다시 한번 지하 세계로

Track Down This Murder _살인자를 쫓아서

Beyond the Lake _호수 저편에

오페라의 유령의
대표넘버를 감상해보세요!

3-6

날 할퀴는 사랑도 두렵지 않아

: 시라노

17세기 파리, 훌륭한 시인이자 검객으로 지혜와 힘을 두루 갖춰 사람들의 찬사를 받는 '시라노 드 베르주라크'. 하지만 그에게는 단 하나의 커다란 결점이 있었습니다. 바로 기형적으로 큰 코로 인해 추한 외모를 가졌다는 것입니다.

그는 외모에 대한 열등감으로 인해 '록산'을 사랑하지만 마음을 전하지 못합니다. 록산은 시라노와 같은 영혼을 가져 그의 세계를 이해할 수 있는 인물입니다. 시라노처럼 자신의 세계를 아름답게 창조할 수 있는 용기 있는 여성입니다.

시라노가 콤플렉스에 사로잡혀 고민하는 사이, 록산은 극장에서 록산의 가방을 훔친 소매치기를 잡아준 '크리스티앙'과 사랑에 빠지게 됩니다. 크리스티앙은 시라노가 대장으로 있는 '가스콘 부대'의 대원으로 귀족 가문 출신이며 시라노와 달리 잘생긴 외모를 지녔습니다.

하지만, 크리스티앙 역시 완벽한 인물이 아니었습니다. 외모는 잘생겼지만, 지혜가 부족했고 말주변도 형편없었습니다. 록산이 크리스티앙에게 실망하자 시라노는 크리스티앙에게 한 가지 제안을 합니다. 시라노는 지혜와 글솜씨를, 크리스티앙은 아름다운 외모를 서로에게 빌려주기로 한 것입니다.

크리스티앙이 이 제안을 받아들여, 시라노는 크리스티앙 대신 연애편지를 씁니다. 그리고 크리스티앙이 시라노 대신 록산에게 편지를 가져가 사랑과 마음을 표현합니다. 편지를 받은 록산은 크리스티앙을 사랑하게 되고 둘은 가까워집니다. 그 사이에서 시라노는 대리 만족하며 계속 편지를 써 줍니다.

이 얄팍한 사랑과 평화는 오래가지 않습니다. '드 기쉬' 백작이 나타나 록산에게 사랑을 표현합니다. 그리고 록산을 곁에 두기 위한 음모를 꾸밉니다. 시라노와 크리스티앙은 힘을 모아 록산을 지키는 데 성공하고 드 기쉬 백작을 물리치지만, 이 일이 계기가 되어 전쟁에 출전하게 됩니다.

Let the Play Begin _공연을 시작해

그 친구, 시라노 드 벨쥐락
군인에 시인에 난폭한 천재
무모한 기발한 그 정신세계
용맹한 비범한 전사라네

Bring Me Giants _거인을 데려와

비굴하게 안쓰럽게 머리를 조아리면서
당하고 또 당해도 눈을 감고 모른 척 하면 끝인가
가식뿐인 시를 끼적이며 구걸하듯 살아갈 텐가

날렵한 펜과 날쌘 칼은 최고로 든든한 동료
시를 쓰고 전투할 때 무한한 영감을 선사하니까
허나 칼로 펜을 꺾으려는 자
결코 용서하지 않으리

고결한 별빛이 되어 추운 밤을 깨우리라
날 아는 친구 미지의 운명이여 어서 오라
날 배신해도 지옥 끝에서 웃어주마
진실하고 강한 영웅 최후의 승자 나니까

저 하늘이 날 버려도 이 육체가 소멸해도
내 영혼만은 영원히 숨 쉬리
바위 같은 걸음으로 빛나는 용기를 품고
혼자라도 한 걸음 한 걸음 가야만 해

백 명이든 천 명이든 고통이든 파멸이든
무엇이든 다 데려와
세상 모든 거인들과 맞서리라

Summertime in Bergerac _벨쥐락의 여름

한없이 푸르렀던 어느 여름날
향긋했던 그 바람에
당신처럼 해맑게 웃던 여름날
포근했던 그 빗소리
웃고 울며 함께한
아름다운 추억들

생각만 해도 설레는 그 여름날
소중하게 기억해요
세월을 따라 흘러간 풍경들이
아련히 손짓해
내 영혼의 친구여
잊지 못할 우리 둘

The Gascons _가스콘 용병대

백 번 쓰러져 천 번 일어난 불멸의 군대
든든한 어깨 항상 대인배
의리를 빼면 죽은 시체

우리는 가스콘 영광에 살고 영광에 죽는다
우리는 가스콘 끝이란 없다 영원히 살리라

Perfect Lover _완벽한 연인

꿀 같은 말투와 (얼굴로)

넘치는 센스와 (얼굴로)

내 검과 펜으로 (얼굴로)

함께라면 완벽한 연인

My Words Upon His Lips _그의 입술에 닿는 나의 이야기

내게 허락된 것은 쓰디쓴 잔 공허한 축배

사랑이란 짐승은 나를 조롱하고 비웃나

잔인한 영광 내 말을 품은 입술에

나의 그녀가 입 맞출 때

Alone _나 홀로

아무도 없는 이 길

가야 한다면 가야겠지

앞이 보이지 않아도

당당히 걸어가리

승리도 패배도 다 내 몫이니

늘 그랬듯 기꺼이 맞서리라 홀로

세상이 날 짓밟아도

별을 좇아 나는 가리

콧대를 높이 치켜들고

내가 선택하고 믿는 진실하고 강한 빛을
굳게 지켜내야 하니까

거친 황야 속에서 이슬 맞으며 잠을 자고
날 알아주는 사람 하나 없는 길이겠지
날 할퀴는 사랑도 전쟁도 운명도 난 두렵지 않아
이대로 난 앞으로 나아가리
나아가리 홀로

시라노는 전쟁터에서도 록산에게 보내는 편지를 씁니다. 록산에게 편지를 전하기 위해 홀로 적군을 뚫고 나가는 위험까지 무릅씁니다. 연인을 만날 수 없는 비극적인 상황 속에서 절절하고 아름다운 사랑 편지를 받은 록산은 크리스티앙을 더욱 깊이 사랑하게 됩니다.

결국 록산은 크리스티앙을 만나기 위해 전쟁터를 찾아갑니다. 크리스티앙은 록산과 이야기를 나누며 록산이 사랑하는 것이 자신이 아닌 시라노라는 사실을 깨닫게 됩니다.

록산이 마음 깊이 사랑을 느낀 것은 만나지 못하는 자신이 아니라 편지로 사랑을 전한 시라노였기 때문입니다. 크리스티앙은 시라노에게 진실을 밝혀달라 부탁한 뒤 전쟁터에서 죽게 됩니다.

크리스티앙의 전사 소식을 들은 록산은 수녀원에 들어가 버리고 시라노는 매주 록산을 만나러 가면서도 진실을 밝히지 않습니다.

Every Single Day _하루 또 하루

하루 또 하루
한 장의 종이 위에
바래지 않는 내 사랑이
글자 하나 하나에 마음 담아
당신이 오늘도 기다릴 테니

그 어떤 단어조차 충분하지 않으니
말로는 표현 못 해 미칠 것 같은 사랑
허나 당신의 마음을 울린 건 내가 아냐

The Days of Autumn _가을의 나날들

바스락대는 낙엽은 마지막 춤을 추고
황혼에 노을이 지고
빛바랜 햇살이 들며
미움도 분노도 그때
영원한 안식을 찾네

No Finer Man _최고의 남자

찬란했던 시절 다 지나도
주눅 들거나 낙담하지 않고
아닌 건 아니라고 말하며
고집대로 신념대로 살아가요

가시밭 속을 걸으며
거인들을 무찌르며
온몸이 피투성이가 돼도
그의 길을 갈 뿐이죠

이 땅 위 누가 그를 판단할 수 있나 그의 가치를
이 캄캄한 세상 속 그 사람만 빛나는데
언젠가는 다 사라지겠지
허나 그 사람만은 여전할 거야
늘 그랬듯 진실하며 자유롭게 지금처럼
나의 곁에

Alone (Reprise) _나 홀로 (반복)

날 할퀴는 사람도
전쟁과 운명도 난 두렵지 않아
이대로 난 앞으로 나아가리
나아가리

그렇게 15년이 지난 어느 날, 록산을 만나러 가던 시라노는 기습을 당해 치명상을 입게 됩니다. 곧장 치료를 받아야 하는 긴급한 상황에서도 시라노는 록산을 찾아갑니다.

그리고 뒤늦게 그동안 크리스티앙의 편지를 자신이 써줬다는 진실을 밝힙니다. 시라노는 크리스티앙과 함께 자신을 기억해달라는 말을 남기고 록산의 품에서 눈을 감게 됩니다.

뮤지컬 〈시라노〉가 원작으로 하는 프랑스 극작가 에드몽 로스탕의 희곡 「시라노」는 프랑스의 실존 인물 '시라노 드 베르주라크'의 일생에서 영감을 받은 이야기입니다.

〈시라노〉의 이야기 속에서 서로를 사랑한 인물들은 서로의 행복을 너무나 바란 나머지, 그리고 자신의 사랑을 포기하지 못한 나머지 거짓과 비극을 초래하게 됩니다. 마음은 엇갈리고 서로를 사랑한 모두가 외롭게 남겨졌습니다.

겉모습이 아닌 영혼, 위선이 아닌 존중, 길을 잃지 않는 진심을 바란 인물들이 그 마음과 용기를 다하지 못하는 모습은 관객들에게 안타까움을 선사합니다.

비록 이들의 이야기는 슬프게 끝이 났지만, 영혼과 진심의 아름다움 그리고 순수함을, 감정을 깊이 울리는 연기와 노래로 관객들에게 전하고 있습니다.

넘버

1막

Let the Play Begin _공연을 시작해

My Nose _나의 코

Touch _터치

Roxane _록산

Pastry and Poetry _페스트리와 시

Bring Me Giants _거인을 데려와

Summertime in Bergerac _벨쥐락의 여름

Someone _누군가

The Gascons _가스콘 용병대

Perfect Lover _완벽한 연인

If I Only Had the Words _만약 내가 말할 수 있다면

Love is Here at Last _마침내 사랑이

My Words Upon His Lips _그의 입술에 닿는 나의 이야기

I Fell From the Moon _달에서 떨어진 나

Take Care of Him _그를 부탁해요

Alone _나 홀로

2막

Memories of Paris _파리의 추억

Christian's Letter of Farewell _크리스티앙의 이별편지

Forward to Glory _영광을 향해

Every Single Day _하루 또 하루

She Loves You _그녀는 당신을 사랑해

So Young, So Beautiful _젊고 아름다운

Soon _곧

Gascons (Reprise) _가스콘 (반복)

The Days of Autumn _가을의 나날들

No Finer Man _최고의 남자

Cyrano's Gazette _시라노의 신문

Farewell My Love (Reprise) _안녕, 내 사랑 (반복)

Alone (Reprise) _나 홀로 (반복)

시라노의
대표넘버를 감상해보세요!

Wicked

PART 4

어둠 속,
빛나는 인간의 마음

인간은 오랫동안 본성의 선악에 대해 논쟁해왔습니다. 앞이 보이지 않는 어둠 속에서 인간의 마음은 길을 잃게 될 수도, 더욱 어두운 수렁에 빠져버릴 수도 있습니다.

하지만 뮤지컬들은 인간의 아름다운 마음을 향한 찬가를 노래합니다. 삶과 시대가, 혹은 운명과 미래마저 빛을 잃더라도 마음속 빛을 잃지 않는 것. 그것을 인간이라고 우리에게 알려주고 있습니다.

설령 악한 마음을 함께 품거나 위선을 행하거나, 뒤늦게 후회하는 한이 있더라도 인간의 마음은 빛날 수 있음을, 극 속 인물들을 통해 보여줍니다. 그들과 함께하며 수많은 감정을 마주하다 보면 우리는 조금 더 우리를 믿고 살아갈 수 있게 될 것입니다.

4-1

세상의 색은 바뀌고 있어

: 레 미제라블

빵 하나를 훔친 죄로 5년의 징역을 선고받은 '장발장'. 그는 이후 탈옥을 시도하다가 19년으로 형량이 늘어납니다.

그곳에서 죄수들을 감독하는 이는 '자베르'입니다. 이후 장발장은 가석방 처분을 받게 되지만 가석방 처분의 규율을 어기고 도망쳐 '마들렌'이라는 이름으로 살아가게 됩니다.

이로 인해 자베르에게 쫓기는 신세가 되었지만, 장발장은 어느덧 존경받는 시장이자 공장장으로 성공하게 됩니다. 그 공장의 직원 중 한 명인 '판틴'은 사생아를 키우고 있었다는 이유로 공장에서 쫓겨나게 됩니다. 어린 딸 '코제트'를 키우기 위해 험한 일도 마다하지 않던 판틴은 건강이 악화되어 죽음에 이르게 됩니다. 그리고 자신에게 도움을 준 장발장에게 어린 딸 코제트를 도와달라고 부탁합니다.

그때, 장발장에게 "장발장이 체포되었다."는 소식이 들려옵니다. 무고한 사람이 장발장이라는 누명을 쓴 것이죠. 장발장은 자신의 정체를 고백하며 돌보아야 할 어린아이가 있으니 잠시만 기다려줄 것을 자베르에게 부탁합니다. 장발장을 놓칠 수 없었던 자베르는 장발장의 사정을 이해하지 않고 다시 장발장을 쫓습니다.

그 사이, 장발장은 여관을 운영하는 부부에게 학대받던 코제트를 구해 친딸처럼 기르며 파리에서 살게 되었습니다. 시간이 흘러, 코제트는 '마리우스'를 만나 서로 사랑에 빠지게 됩니다. 하지만 마리우스는 혁명을 준비하고 있었으며 그를 짝사랑하던 '에포닌'이 있었습니다.

에포닌은 사실 코제트를 학대했던 여관 부부의 딸이었지만, 그들과는 달리 올바른 성품을 지녔습니다. 마리우스와 에포닌은 혁명에 참여했고, 에포닌은 마리우스를 대신해 바리케이드에서 희생당하고 말았습니다.

At the End of the Day _하루를 마치며

하루가 끝날 무렵이면 다시 그만큼 늙어가지

가난한 이들이 얻을 수 있는 건 나이뿐

삶은 투쟁이고, 전쟁이지

자비를 베푸는 이는 아무도 없고

하루를 더 살아도, 의미가 없지
죽는 것보다도 못한 하루

하루가 끝날 무렵 또다시 새벽이 오고
아침 해는 또다시 떠오르지
모래에 부서지는 파도처럼
잠시면 잦아들 폭풍처럼
이 땅에는 굶주림이 도사리지
아직 받아야 할 심판이 남았고
치러야 할 대가가 남았지
하루가 끝날 무렵에는!

I Dreamed a Dream _나에게는 꿈이 있었지

바라고 꿈꾸는 인생이 있었지
내가 살아가는 지옥과는 다른
꿈이 사라진 지금의 삶과는 다른
내가 꿈꾸던 꿈은 이제 찾을 수 없겠지

Who Am I? _나는 누구인가?

내가 말한다면, 나는 유죄를 받겠지
내가 침묵한다면, 나는 천벌을 받겠지!

나는 누구인가?

나 자신을 영원히 숨길 수 있는가?
이전까지의 나와는 다른 사람인 척하며
죽을 때까지 내 이름을 숨겨야만 하는가?
그저 알리바이를 위해서
거짓말해야만 하는가?

그래 자베르, 이게 진실이다
이 남자는 너보다 더 결백해!
나는 누구인가?
24601!

The Confrontation _대결

넌 내 삶에 대해 아무것도 몰라
나는 빵을 조금 훔쳤을 뿐

법을 따르는 나의 임무
너에게는 어떤 권리도 없다
(넌 이 세상에 대해 아무것도 몰라)
날 따라와라 24601
(넌 곧 나의 죽음을 보겠지)
이제야 바퀴가 굴러가기 시작하는군
(하지만 정의가 이뤄지는 것을 보기 전까지는 아니야)
장발장은 이제 아무것도 아니야

모든 이들은 죄악 속에서 태어나

(내겐 아직 힘이 있어)

모든 이들은 자신의 길을 선택하지

(나는 아직 시작하지 않았어)

넌 자베르에 대해 아무것도 몰라

(자베르, 난 너에게 경고하는 거야)

난 감옥 안에서 태어났다

(내가 할 수 없는 일은 없어)

난 너 같은 인간들과 함께 태어났다

(내가 여기서 너를 죽여야만 한다면)

나도 밑바닥에서부터 올라왔다!

(난 해야 할 일을 하겠어!)

Castle on a Cloud _구름 속의 궁전

난 아무도 뭔갈 잃지 않는 곳을 알아요

난 아무도 울지 않는 곳을 알고 있어요

눈물은 허락되지 않고

구름 위에는 나의 성이 없어요

Stars _별

신이여, 그를 찾게 하소서

그를 보게 하소서

안전한 철창 뒤로

나는 절대 쉬지 않고

그때까지, 나 맹세합니다

별들에게 맹세합니다

The ABC Café _ABC 카페 & ***Red and Black*** _적과 흑

학생들, 노동자들, 모두가

거센 물길이 밀려오듯

세찬 흐름이 시작되었어

파리가 우리의 편이 되고 있어!

세상의 색은 바뀌고 있어

매일 매일…

빨강, 분노한 사람들의 피!

검정, 지난날의 어둠!

빨강, 동트기 직전의 세상!

검정, 반드시 끝나게 될 밤!

민중의 대변자

그의 죽음이 우리가 기다려온 신호!

사람들은 장례식에서 그의 이름을 드높이겠지

그들의 눈 속에 타오르는 혁명의 불씨와 함께!

비통의 촛불로부터, 우리는 불을 지필 거야

Do You Hear the People Sing? _민중의 노랫소리 들리는가?

민중들의 노래가 들리는가?

분노한 사람들이 부르는 노랫소리가?

다시는 노예가 되지 않겠다는

사람들이 부르는 노래

너의 심장 박동이

북소리에 맞춰 고동할 때

삶이 시작될 것이다

내일이 오면!

우리의 깃발이 나아갈 수 있도록

너의 모든 것을 바치겠는가?

죽을 수도 있고, 살아남을 수도 있지

일어나 너의 기회를 얻겠는가?

순교자의 피가 프랑스의 들판을 적시리라!

In My Life _내 생에

참 이상해

내 삶이 비로소 시작된 것 같은 기분

이 변화

사람이 이렇게 빠르게 사랑에 빠질 수 있는 걸까?

내 삶에는

의문과 해답들이 너무 많아

모든 게 왠지 이상하게 보여

내 삶에는

그런 때도 있었어, 고요 속에서

멀리서 들리는 노래의 탄식을 듣던 때

그리고 내가 오랫동안 기다렸던

세상의 노래가

손 닿지 않는 곳에서

그저 속삭여

나를 기다리며!

나의 삶에는

난 더 이상 아이가 아니에요

나는 당신이 알고 있는 진실을 원해요

지난날들에 대한 진실을

One Day More _내일이면

내일이 오면

또 다른 하루, 또 다른 운명

끝없는 고난의 길

나의 죄를 아는 그들은

반드시 나를 찾아오겠지

혁명까지는 하루가 남았지
우리는 싹을 잘라 버릴 거야
이 아이들을 맞설 준비를 해야지
그들은 자신의 피에 젖어버릴걸!

새로운 시작을 위한 하루
자유의 깃발을 높이 들어라!
모두가 왕이 되리라
모두가 왕이 되리라
승리를 위한 새로운 세상
민중들의 노래가 들리는가?

장발장은 코제트가 사랑하는 마리우스를 위해 혁명에 참여합니다. 그리고 혁명군을 감시하기 위해 침입한 자베르를 붙잡게 되지만, 차마 그를 미워하지 못해 풀어주고 맙니다.

혁명은 결국 실패하게 되었고 장발장은 마리우스만을 구해 도망칩니다. 자베르는 이들을 발견하고도 그냥 보내주게 되지만 자신의 신념을 어겼다는 생각에 괴로워하며 스스로에게 총을 겨누고 죽음을 선택합니다.

자베르의 도움으로 무사히 도망친 마리우스와 코제트는 죄책감을 딛고 결혼을 약속합니다. 이 모습을 지켜본 장발장은 도망자인 자신 때문에 딸과 같은 코제트가 행복할 수 없을 것을 염려하여 자신의 과거를 마리우스에게 알려주고 몰래 떠나버립니다.

마침내 찾아온 마리우스와 코제트의 결혼식 날, 마리우스는 자신의 목숨을 구해 준 사람이 장발장이었다는 사실을 알게 됩니다.

On My Own _나 홀로

빗속에서, 도로는 마치 은처럼 빛나
모든 빛이 강물 아래서 흐릿하게
어둠 속에서, 나무들은 별빛으로 가득하고
내게 보이는 것은 그와 나뿐이야 영원히
영원히

그를 사랑해, 하지만 매일매일 나는 알아가
평생, 나에게는 상상뿐이었다는 것을
내가 없어도, 그의 세상은 돌아가겠지
행복으로 가득 찬 세상
나는 절대 알 수 없는

At the Barricade _바리케이드에서

자유를 위한 싸움에서 죽어야만 한다면

싸움이 가장 치열한, 그곳에 있으라
할 수 있다면 이리로 그들이 들어오게 해
우리가 그곳에 있으니!

The First Attack _첫 공격

이 바리케이드 위에서
우리 중 처음으로 잠든 희생자
그녀의 이름은 에포닌
그 삶은 춥고 어두웠지만, 두려워하지 않았지

그녀의 이름을 걸고 싸우리
그녀의 죽음이 헛되지 않게
그녀가 배신당하지 않게

Soliloquy: Javert's Suicide _독백: 자베르의 자살

그의 손에 죽어야만 했어
그것이 그의 권리였지
죽음은 또한 나의 권리였는데
나는 살아남았지만 지옥에서 살고 있지

Empty Chairs at Empty Tables _빈 의자들

이곳에서 그들은 혁명을 말했지
이곳에서 그들은 불씨를 지폈지

이곳에서 그들은 내일을 노래했지
그리고 내일은 오지 않았지

나의 친구여, 친구여, 나에게 묻지 마오
당신들의 희생이 무엇을 위한 것이었는지
빈 의자와 비어버린 책상
나의 친구들이 더는 노래하지 않는 곳

Beggars at the Feast _결혼식의 거지들
네가 어딜 가든, 법을 따르는 사람들
고상한 일을 하지만 대부분은 빈털터리
일요일에는 신을 위해 노래하며
신의 은총을 찬양하는 사람들
하지만 은총을 가져가는 건 우리들
결국엔 우리가 성공하겠지

하루의 끝에서 홀로
결혼식 날 밤, 나는 기도해
신이여, 이 아이들을 당신의 품에 살게 하소서
그리하여 그들에게 은총을 내려 주소서

Finale _피날레
그리고 기억하라

그 옛날의 진리를
다른 이를 사랑하는 것은 신의 얼굴을 보는 일임을!

민중들의 노래가 들리는가?
밤의 골짜기에서 길 잃은 민중들의 노래
빛을 향해 기어 올라가는
사람들의 노래가

바리케이드 저 너머의 어딘가
그곳에 내가 바라는 세상이 있는가
민중들의 노래가 들리는가
북 치는 소리가 들리는가
그것들이 가져오는 미래
내일이 오면!

마리우스와 코제트는 장발장을 찾아 달려갑니다. 쇠약해진 장발장은 죽음을 기다리고 있었습니다. 마지막 순간, 장발장은 코제트와 마리우스를 다시 만나게 된 것을 기뻐하며 행복하게 눈을 감습니다.

그 순간, 판틴을 비롯하여 혁명으로 인해 떠난 이들이 나타나 장발장을 반겨줍니다. 그리고 장발장은 꿈꾸었던 세상을 바라보며 죽음을 맞이합니다.

뮤지컬 〈레 미제라블〉은 프랑스 작가 빅토르 위고의 소설 「레 미제라블(Les Misérables)」을 원작으로 하는 뮤지컬입니다. 19세기 프랑스 혁명을 배경으로 등장인물들의 삶과 투쟁, 인연을 그리고 있습니다.

이들의 이야기 '레 미제라블'은 '비참한 사람들' 혹은 '불쌍한 사람들'을 의미합니다. 작은 죄로 인해 평생 쫓기는 신세가 된 비참한 장발장, 그리고 비참하게 죽어간 모든 이들, 비참한 시대를 살아가는 모든 이들의 모습을 극 곳곳에서 만날 수 있습니다.

하지만 이들의 이야기는 그것만으로 설명되지 않습니다. 마음을 다해 사랑을 베풀고 타인을 구원한 장발장의 인생은 무의미하지 않으며 장발장을 쫓던 자베르 역시 자신에게 온 마음과 신념을 다했습니다.

인간에 대한 사랑, 삶에 대한 열망, 더 나은 내일을 위한 용기, 나아가고자 하는 신념, 인간의 삶이 빛나는 모든 순간을 담고 있는 뮤지컬 〈레 미제라블〉은 오랜 시간 명작으로 사랑받고 있습니다.

넘버

1막

Prologue: Work Song _서곡: 노동요

Prologue: on Parole _서곡: 가석방

Prologue: Valjean Arrested, Valjean Forgiven _서곡: 장발장의 체포와 용서

Prologue: Valjean's Soliloquy (What Have I Done?) _서곡: 장발장의 독백 (내가 무슨 짓을)

At the End of the Day _하루를 마치며

I Dreamed a Dream _나에게는 꿈이 있었지

Lovely Ladies _거리의 여자들

Fantine's Arrest _판틴의 체포

The Runaway Cart _고삐 풀린 마차

Who Am I? _나는 누구인가?

Come to Me _내게 오렴

The Confrontation _대결

Castle on a Cloud _구름 속의 궁전

Master of the House _여관 주인의 노래

The Well Scene _우물

The Bargain _흥정

The Thénardier Waltz of Treachery _테나르디에 배반의 왈츠

Look Down _고개 숙여

The Robbery _강도

Javert's Intervention _자베르의 간섭

Stars _별

Eponine's Errand _에포닌의 심부름

The ABC Cafe _ABC 카페

Red and Black _적과 흑

Do You Hear the People Sing? _민중의 노랫소리 들리는가?

In My Life _내 생에

A Heart Full of Love _가슴 넘치는 사랑

The Attack on Rue Plumet _플럼멧 가의 공격

One Day More _내일이면

2막

Building the Barricade _바리케이드를 세워라

On My Own _나 홀로

At the Barricade _바리케이드에서

Javert's Arrival _자베르의 도착

Little People _작은 사람

A Little Fall of Rain _빗방울

Night of Anguish _번뇌의 밤

The First Attack _첫 공격

Drink with Me _술잔을 기울이자

Bring Him Home _그를 살려 주소서

Dawn of Anguish _번뇌의 새벽

The Second Attack (Death of Gavroche) _두 번째 공격 (가브로쉬의 죽음)

The Final Battle _마지막 전투

The Sewers _씨뿌리는 사람들

Dog Eats Dog _개가 개를 잡아먹는 세상

Soliloquy: Javert's Suicide _독백: 자베르의 자살

Turning _돌고 도는 세상

Empty Chairs at Empty Tables _빈 의자들

Every Day _매일

A Heart Full of Love _사랑으로 가득 찬 마음

Valjean's Confession _발장의 고백

Wedding Chorale _결혼식

Beggars at the Feast _결혼식의 거지들

Epilogue: Valjean's Death _에필로그: 발장의 죽음

Do You Hear the People Sing? (Reprise) _민중의 노랫소리 들리는가 (반복)

Finale _피날레

레 미제라블의
대표넘버를 감상해보세요!

4-2

우리의 세상을 바로잡을 별빛

: 두 도시 이야기

〈두 도시 이야기〉는 찰스 디킨스의 소설 「두 도시 이야기(A Tale of Two Cities)」를 원작으로 하는 뮤지컬입니다. 이야기는 파리와 런던 두 도시를 무대로 18세기 말, 프랑스 혁명 시기를 그리고 있습니다.

의사 '마네뜨'는 프랑스 귀족인 '에버몽드 후작 가문'의 비밀을 알게 된 죄로 바스티유 감옥에 18년 동안 복역하다가 석방되었습니다. 마네뜨의 친구이자 텔슨 은행의 직원인 '자비스 로리'는 자신의 친구를 구하기 위해 파리로 떠나게 됩니다.

프랑스로 향하기 위해 도달한 항구에서 로리는 마네뜨 박사의 딸 '루시'를 만나게 됩니다. 아버지인 마네뜨 박사가 죽었다고 생각하며 살아왔던 루시는 로리에게 마네뜨 박사의 소식을 전해 듣고 마네뜨 박사를 만나기 위해 함께 파리로 향합니다.

오랜 수감 생활로 인해 정신적으로 충격받았던 마네뜨 박사는 루시를 만나 기운을 차립니다. 로리, 루시, 마네트 박사. 이 세 사람은 파리를 벗어나 런던으로 향합니다. 영국으로 향하는 배 위에서 이들은 '찰스 다네이'라는 프랑스 청년을 만납니다. 찰스는 루시를 만나 사랑에 빠졌지요.

그들이 영국에서 지내며 5년이 지난 어느 날, 찰스는 프랑스 첩자라는 누명을 쓰고 고소됩니다. 사실 찰스는 포악한 귀족 에버몽드 후작의 조카였습니다. 잔인한 프랑스 귀족사회에 지쳐 이름을 버리고 영국으로 도망치던 길에 루시를 만났던 것입니다.

찰스는 행실이 형편없지만, 실력은 좋고 기묘하게도 찰스와 닮은 얼굴의 변호사 '시드니 칼튼'의 도움으로 무죄 판결을 받습니다.

재판 과정에서 루시는 찰스와 사랑에 빠집니다. 하지만 칼튼까지 루시를 사랑하게 되어버리죠. 칼튼은 찰스와 루시의 결혼식을 며칠 앞두고, 루시에게 사랑을 고백하면서 그동안 자신의 행실을 반성합니다. 그리고 찰스와 루시, 그들 사이의 아이들에게도 좋은 친구가 되어줍니다.

The Way It Ought to Be (Paris) _존재의 방식 (파리)

우리의 세상을 바로잡을 그 날까지

두 손을 움직여 기록해야 해
대가를 치를 이들의 이름을

기도는 소용없어 들어주지 않아
이제 모두 나서서 싸울 때가 왔어

얼마 남지 않은 그 날이 오면 알게 되리라
얼마 남지 않은 그 날이 오면 알게 되리라
우리의 두 손으로 처단해야 할 이들의 이름을
우리가 붉은 피로 물들 그날에

I Can't Recall _기억 안 나

처음이야 이런 밤은
찬 바람 불던 하늘이
춥지도 않고 따뜻해
밤하늘 별들 이렇게 많았었나

처음이야 이런 밤은
내 마음속 가득 차 있던
숨기고 싶은 실수도 패배도
모두 다 사라졌지 당신 덕분에

때가 왔어 어두웠던 나의 지난 시간

다시 돌아가지 않으리라

기억 안 나

내 인생이 이토록 달콤했는지

천국이 나를 반기고

저 하늘 별들이 노래를 하네

나를 위하여

If Dreams Come True _꿈이 이루어진다면

내 유일한 꿈이 이루어졌다면

내 인생은 좀 달라졌겠지

하느님이 당신을 너무 사랑해서

내게는 주지 않으셨나 봐

비록 당신을 포기해야 했지만

당신은 내게 많은 걸 줬어

당신을 꿈꾸었던 작은 순간

내겐 가장 큰 행복이었어

만약 내가 달라진다면

시작해 볼 수 있을까

새로운 인생을

한편, 프랑스에서는 혁명의 불씨가 타오르고 있었습니다. 파리에서 민중들이 봉기하여 바스티유 감옥을 함락했습니다. 게다가 에버몽드 후작 가문의 하인 '가벨'도 체포되어 사형당할 위기에 처합니다.

찰스는 가벨을 구하기 위해 파리로 향하지만, 귀족에 대한 분노에 휩싸인 혁명군은 망명귀족을 사형해야 한다며 그를 가둬버립니다. 찰스가 남긴 편지를 본 루시와 마네뜨 역시 프랑스로 향합니다. 시민들은 과거 귀족들에 의해 수감되었던 마네뜨가 차별 없이 환자를 치료해 주자 마네뜨를 믿고 찰스를 풀어줍니다.

하지만 얼마 뒤, 찰스는 술집을 운영하는 '드파르주 부부'에 의해 고발당합니다. 그들은 마네뜨가 감옥에서 쓴 편지를 증거로 내밀었습니다. 이 편지에는 일가족을 학대하고 수탈하여 끝내 살해한 에버몽드 후작 일가에 대한 고발이 담겨 있었습니다.

마네뜨는 에버몽드 후작가의 수탈을 알고 있었다는 이유로 감옥에 갇히게 된 것이었습니다. 이 사실을 알게 된 시민들의 분노는 쉽게 가라앉지 않았고, 24시간 뒤에는 찰스의 처형이 결정됩니다.

Out of Sight, Out of Mind _눈에서 멀어지면, 마음에서도 멀어진다

차가운 어둠 속 이곳에 버려진

비참한 인생을 그들은 모르지

차라리 죽는 게 나을지도 몰라

새까만 땅속에 묻혀버린 뒤엔 아픔도 없겠지

한 걸음씩 다가가 눈에 띄지 않게

사치스러운 그들의 진실을 무참히 짓밟아

모두 심판하리 너희의 죄를

고통스러운 죽음이 찾을 때까지 견디리라

바로 이곳 차가운 어둠 속에서

Little One _작은 것

아가야 편히 눈을 감고

이제 꿈나라로 떠나렴

창밖에 폭풍이 몰아쳐도

너에게는 아무 일도 일어나지 않아

아가야 편히 눈을 감고

이제 꿈나라로 떠나렴

멀리서 끔찍한 비명소리가 들려와도

너에게는 아무 일도 일어나지 않아

Until Tomorrow _내일까지

얼마나 오랫동안 이 순간을 기다렸나
새로운 날이 밝아 우리 함께 싸우자
우리를 묶어왔던 두려움 떨쳐버리고
내일을 향해 전진하자 우리 함께 싸우자

평생을 우린 빼앗기고 짓밟혔지
그들과 싸워 이기려면 하나가 되어야 해
아이들의 미래를 위해 맞서 싸워야 해
내일이 밝아오니 세상을 바꾸어야 해
그날이 바로 오늘이야
이 기회는 두 번 다시 오지 않지
지금이 아니면 싸울 수 없지
우릴 억압했던 바스티유를 향해
모두 부수고 새 인생을 맞이하자
자유를 위해

잔잔하게 불던 바람이 거센 폭풍이 되었네
거센 폭풍이 강해져 이젠 막을 수 없지
그가 돌아오지 못한다면 혹시 내게 와줄까
내일이 밝아오니 세상을 바꾸어야 해
조금만 더 한 걸음 더 달려가자
내일을 향해 내일을 향해

나아가자

Everything Stays the Same _폭군의 죽음

자유 평등 박애 아니면 죽음을!

최고의 시대이자 최악의 시대가 왔지
어둠은 빛을 밝히고 빛은 어둠을 삼키네
우리는 천국과 지옥의 경계에 서 있지
내 몸은 어느 곳을 향해 가는가
내 눈은 어느 곳을 바라보는가

Without a Word _말없이

아무 말도 하지 않고서
어떻게 나를 떠날 수 있나요
내가 알지 못하는 그 사람을
구하러 가야만 했나요
날 위해서 우리를 위해서
모른 척 할 순 없었나요
영원히 함께 하자던 그 약속
잊었나요

Let Her be a Child _그녀를 아이답게

아이들의 행복을 위해 축복 주세요

바른길을 가도록 인도해 주세요
어른들의 세상을 잠시 보지 못하도록
지금은 해맑게 웃으며 살게 해 주세요

언젠가는 겪어야 하겠죠
넘어지고 실패하고 아파하며 자라나겠죠
하느님 오늘 하루만 기다려주세요
견딜 수 있을 만큼만 아프게 하세요
자비로 보살펴 주세요
동정심 많은 아이로 용서할 줄 아는 아이로
밝게 자랄 수 있게 해 주세요
눈물보다는 미소를 배울 수 있게
허락해 주세요

Finale: I Can't Recall _피날레: 기억 안 나
함께라면 견딜 수 있을텐데
시간이 오면 혼자 가야 하겠지
짧은 한순간 고통 사라지고
다시 만나게 되겠죠
평온한 곳에서 우리 다시 만나게 되겠죠

기억나지 않아
내 인생이 이토록 달콤했는지

천국이 나를 반기고

별들이 노래하네

한편, 드파르주 부인이 복수심에 불타 찰스뿐만 아니라 루시와 그들의 아이까지 처형하려고 합니다. 칼튼은 로리에게 상황을 알리고 찰스가 갇혀 있는 감옥을 찾아갑니다. 칼튼은 찰스에게 루시에게 남길 유서를 쓰게 한 뒤 기절시키고, 찰스와 옷을 바꿔입습니다. 그리고 기절한 찰스를 감옥에서 내보냅니다.

결국 칼튼은 찰스를 대신해 단두대에 오릅니다. 이후 상황을 알게 된 찰스는 칼튼에게 돌아가려 하지만, 그의 희생을 헛되게 만들지 말라는 로리에게 떠밀려 영국으로 돌아갑니다.

〈두 도시 이야기〉는 혁명의 시대, 그 속에서 피어난 아름다운 사랑을 느낄 수 있는 이야기입니다. 루시를 향한 사랑은 '시드니 칼튼'이라는 한 사람의 삶을 완전히 바꿨습니다. 그리고 가족의 사랑과 우정으로 결속된 마네뜨 부녀, 찰스, 로리는 칼튼에게 또 다른 보금자리가 되어주었습니다.

희생을 선택한 칼튼은 비록 이들과 끝까지 함께할 수 없었지만, 사랑과 우정은 그에게 새로운 삶을 선사했습니다. 우리의 마음을 숭고하게, 그리고 우리의 삶을 아름답게 만드는 것은 인간을 향한 사랑뿐이라는 결말 속에서 무대는 막을 내립니다.

넘버

1막

Prologue: The Shadows of the Night _서곡: 밤의 그림자

The Way It Ought to Be (Paris) _존재의 방식 (파리)

You'll Never Be Alone _넌 혼자가 아니야

Argument _언쟁

Dover _도버

The Way It Ought to Be (London) _존재의 방식 (런던)

No Honest Way _정직하지 않은 길

The Trial _시도

Round and Round _라운드 앤 라운드

Reflection _회상

The Way It Ought to Be (Reprise) _존재의 방식 (반복)

Letter From Uncle _삼촌의 편지

The Promise _약속

I Can't Recall _기억 안 나

Resurrection Man _부활의 사나이

Now at Last _드디어

If Dreams Come True _꿈이 이루어진다면

Out of Sight, Out of Mind _눈에서 멀어지면, 마음에서도 멀어진다

I Always Knew _나는 항상 알고 있어

Little One _작은 것

Until Tomorrow _내일까지

2막

Everything Stays the Same _폭군의 죽음

No Honest Way (Reprise) _정직하지 않은 길 (반복)

The Tale _동화

If Dreams Come True (Reprise) _꿈이 이루어진다면 (반복)

Without a Word _말없이

The Bluff _허풍

Let Her be a Child _그녀를 아이답게

The Letter _편지

Lament _애도

Finale: I Can't Recall _피날레: 기억 안 나

두 도시 이야기의
대표넘버를 감상해보세요!

4-3

마녀의 눈으로 본 진실

: 위키드

뮤지컬 〈위키드〉는 그레고리 맥과이어가 쓴 동명의 소설을 원작으로 하는 뮤지컬입니다. 위키드는 우리에게도 잘 알려진 「오즈의 마법사」에 등장하는 마녀들의 뒷이야기를 다루고 있습니다.

오즈의 마법사에 등장하는 사악한 초록 마녀의 이름은 '엘파바'. 우리가 알고 있는 바와 달리, 엘파바는 선한 마음을 지닌 소녀입니다. 초록색 피부를 지닌 엘파바는 피부색이 다르다는 이유로 친구들에게 따돌림을 당합니다.

시즈 대학교에 입학한 엘파바는 '오즈의 마법사'에 착한 서쪽 마녀로 등장하는 '글린다'와 룸메이트가 됩니다. 글린다는 엘파바와 달리 쉽게 사람들의 호감을 얻고 사랑받는 소녀였습니다.

둘은 하나부터 열까지 달랐습니다. 한편, 서쪽 나라의 왕자 '피예로'가 무도회를 엽니다. 이날의 무도회에서 춤을 추며 엘파바와 글린다는 둘도 없는 단짝이 됩니다.

어느 수업 시간, 말하는 염소 '딜라몬드' 교수는 오즈에 나쁜 일이 일어날 것을 예감합니다. 동물들이 점점 말을 할 수 없게 되면서 마지막 남은 동물 교수가 된 딜라몬드.

며칠 후, 딜라몬드 교수마저 경찰에 끌려가고 맙니다. 그리고 새로운 교수가 새끼 사자를 보여주며, 앞으로는 동물들이 말하지 못하게 통제한다고 알려줍니다.

엘파바와 글린다는 오즈의 마법사로부터 초대를 받습니다. 마법사를 만나기 위해 도착한 에메랄드 시티에서 두 사람은 화려하고 아름다운 도시의 모습에 즐거워합니다.

하지만 마법사를 만난 두 사람은 실망합니다. 마법사는 사실 아무런 능력이 없었고 동물의 권리를 빼앗는 등 부당한 정책을 시행한 마법사였습니다.

마법사는 엘파바를 조수로 삼아 타고난 마법 능력을 이용하려고 합니다. 마법사의 속내를 알아챈 엘파바는 그 제안을 거부하고 마법책 '그리머리'를 훔쳐 달아납니다.

마법사는 사악한 마녀 엘파바를 잡아야 한다고 소리쳤고, 오즈의 시민과 병사들은 사악한 마녀를 잡기 위해 엘파바를 쫓았습니다. 글린다는 엘파바를 염려하지만, 엘파바는 자신의 뜻을 굽히지 않고 중력을 거슬러 날아오릅니다. 그러자 마법사는 남겨진 글린다를 '착한 마녀'로 추켜세워 엘파바를 고립시킵니다.

No One Mourns the Wicked _악한 자, 넌 위키드

나는 알죠 고독한 그 인생을
혼자서 견뎌낸 죽음을
악한 자의 인생엔 끝도 없는 고독뿐

우린 알죠 악한 자의 숙명을
혼자서 삼켜낸 울음을
언젠가 뿌린 대로 거두리라

The Wizard and I _마법사와 나

모든 건 달라져 그 순간부터
나는 다른 존재로 태어나겠지
아버지의 자랑스러운 딸 자랑스러운 언니
오즈의 모든 사람들
나를 사랑할 거야
평생 저주했던 내 능력이 날개가 되어줄 거야
두 손을 맞잡은 마법사와 나

Popular _파퓰러

나보다 못한 사람 눈뜨고 난 못 봐
나보다 잘난 사람 아직 본 적 없어
남 돕는 게 내 취미생활

만약 못난이가 있으면 예쁘게 꾸며 줘야지
보면 알아 견적이 나오니까

지금 네 경우도 내 인생 최대 고난이지만
걱정 마 난 이겨낼 거야 나만 믿어
우울함을 몸에 두른 안타까운 인생들
삶의 개선을 위해 알아둬

이 세상 유명인사 소통의 아이콘들
아이큐가 높았을까? 천만의 말씀
허망한 꿈은 달콤하게 내게 손을 내밀지만
달콤한 꿈일수록 깨어난 현실은 더 아픈걸

One Short Day _단 하루

누굴까 오즈의 모든 사람에게 행복을 선사한 분
누굴까 오즈를 구하려고 날아왔던 분
두둥실 공기풍선 타고 우릴 찾아오셨다네
그분은 원더풀, 오즈의 마법사

우리 마침내 찾은 마음의 고향

그리고 지금 내 곁엔 나의 친구

좋은 친구 우린 최고의 친구

함께 나눠보자

단 하루

Defying Gravity _중력을 벗어나

뭔가가 달라졌어 내 안에 무언가

이젠 의미 없어 남들이 정한 규칙들

난 깨어나 버렸고 돌아가긴 늦었어

내 직감을 따를래

눈을 꼭 감고

날아올라 중력을 벗어나

하늘 높이 날개를 펼 거야

날 막을 순 없어

한계는 무너졌어 내 길을 갈 거야

시도하기 전엔 누구도 알 수 없어

너무나 오랫동안 두려워한 것 같아

받아본 적도 없는 사랑 잃을까 봐

행복을 빌어 네가 선택한 길

너를 축복할게
다 이룰 수 있기를 후회 따윈 없기를
행복해야 해 친구야

여기 나를 찾고 싶다면 서쪽 하늘을 봐
누군가 얘기했지 한 번쯤 날개를 펴라고
홀로 날고 있지만 나는 자유로워
이제는 너무 멀리 와버린 거야

전해줘 나 모든 걸 떨쳐내고
저 끝없는 세상을 본다고
나는 꼭 돌아온다고

엘파바가 떠나고 글린다는 피예로와 약혼합니다. 또 착한 마녀로서 오즈 시민들의 사랑을 받습니다. 동시에 "영혼이 너무 더러워 물에 닿으면 녹아버린다."며 엘파바를 비난하기도 합니다.

엘파바의 성정을 아는 피예로는 화를 내고, 글린다 역시 엘파바를 걱정하며 자신의 약혼식에서도 기뻐하지 못합니다.

그런데 또다시 사건이 일어납니다. 엘파바의 여동생 '네사로즈'는 글린다를 사랑하면서도 자신을 도와주는 '보크'를 사랑하고 있었습니다. 글린다와 피예로의 약혼 소식을 들은 보크가 글린다에게 돌아가려고 하자, 네사로즈는 보크의 마음을 얻기 위한 마법을 씁니다.

그런데 이 마법이 보크의 심장을 뽑아버립니다. 때마침 등장한 엘파바는 보크를 살리기 위해 그를 양철인간으로 만들었습니다. 하지만 양철인간이 된 보크는 사악한 마녀 엘파바를 원망합니다.

에메랄드 시티로 돌아온 엘파바와 마주한 피예로는 함께 먼치킨 랜드로 도망치려 합니다. 마법사는 엘파바를 붙잡기 위해 네사로즈를 죽이고 엘파바를 구하려는 피예로를 옥수수밭 장대에 매달아 버립니다.

피예로를 살리기 위해 그를 허수아비의 모습으로 바꾼 엘파바는 오즈에 대한 증오로 가득 차 사악한 마녀가 되겠다고 마음먹습니다.

Thank Goodness _감사해

뭐 사실 꿈을 이룬다는 건

예상보다 단순하진 않았네요

치를 대가가 있고 또 포기할 것이 있고

또 힘든 시련도 견뎌내야죠

다 지나왔지만

Wonderful _원더풀

난 그 무엇도 계획한 적 없다
우연한 바람에 실려 왔을 뿐
이곳에 오기 전 나의 인생은 지루했지
특별할 것도 엄청날 것도 없는 평범한 삼류
하지만 여기서는 떠받들어 주더구나
이들이 원했던 건 의지할 수 있는 존재

진실은 보이는 것과는 달라
모두가 좋아하면 그게 진실
못된 배신자가 친구가 되고
날강도들이 자선가가 되지
십자군 기사가 약탈자가 되지
해석에 따라서 관점에 따라서
세상일이라는 게 원래 그런 거 아닐까

As Long as You're Mine _나를 놓지 마

지금 이대로 나를 놓지 마
처음으로 내게 찾아온 이 느낌
신기루처럼 사라지기 전에
너를 심장에 새길래 나를 놓지 마
새로운 세상 열린 듯이
이제야 나는 눈을 뜬 거야

아마도 너의 마법은 날
다른 사람으로 만들었나 봐

모든 순간을 놓치지 말자
흘려보낸 시간 다 찾아낼 거야
내일이 오지 않는다 해도
너와 함께면 괜찮아

For Good _널 만났기에

이 세상에 우연이란 없는 거라
사람들은 운명을 찾아내어
자석처럼 서로를 끌어당겨서
힘을 준대 성장할 수 있도록
어제와 다른 나의 인생은
여기까지 오게 된 거야 널 만났기에

태양에게 이끌리는 작은 혜성처럼
바위를 만나 휘도는 시냇물처럼
너라는 중력이 손을 내밀어
난 너로 인하여 달라졌어 내가

우리 다시 만날 수 없더라도
너는 이미 심장의 일부가 되어

나 숨 쉬는 매 순간 항상 곁에서
힘을 내라 미소 지어 줄 테지
내일을 알 수 없는 내 삶이
너의 존재로 이렇게 따스해졌어

돌이켜보면 철없던 내가
너를 상처 주기도 했지
나도 너무 어렸던 것 같아
자 웃으며 안아주자 너와 나

이제는 내일로 나아갈 시간
항상 너의 곁에서 널 지켜줄게
난 너로 인하여
너로 인하여
너로 인하여 달라졌어 내가

오즈는 분노로 가득 차 마녀사냥을 시작합니다. 엘파바는 마법책 그리머리를 글린다에게 전해 주며 작별 인사를 나눕니다. 마침 오즈에는 도로시가 도착하고 오즈의 마법사의 결말처럼 도로시는 사악한 마녀, 엘파바에게 물을 뿌려 녹여버립니다.

하지만 이는 엘파바가 죽었다고 위장한 것일 뿐. 엘파바는 살아남아 피예로와 함께 오즈를 떠납니다. 그리고 오즈의 사람들에게 자신이 선한 마녀라는 진실을 알리지 말라고 부탁합니다. 남겨진 글린다가 마법사와 그의 추종자들을 몰아내 오즈를 안정시키며, 극은 막을 내립니다.

오즈의 마법사, 그 이야기 속 우리가 알지 못했던 마녀들 삶의 진실과 거짓. 이 이야기는 인간의 마음을 다시 생각하게 합니다. 그리고 우리가 알고 있는 진실이 전해주는 선과 악의 모순에 대해 고민하도록 합니다.

또한, 남들과 모습이 달랐던 초록 피부의 엘파바, 권리를 억압당하는 동물의 모습에서 우리 사회의 모습을 돌아보게 만들기도 합니다.

이렇게나 다양한 생각의 여지를 제공하는 뮤지컬 〈위키드〉는 화려하고 아름다운 의상, 개성 넘치는 분장으로 관객들에게 즐거움을 선사합니다.

넘버

1막

No One Mourns the Wicked _악한 자, 넌 위키드

Dear Old Shiz _우리의 모교 쉬즈

The Wizard and I _마법사와 나

What is This Feeling? _이 낯선 느낌

Something Bad _불길한 그림자

Dancing Through Life _춤추듯 인생을

Popular _파퓰러

I'm Not That Girl _그 소녀는 내가 이냐

One Short Day _단 하루

A Sentimental Man _센티멘탈 맨

Defying Gravity _중력을 벗어나

2막

No One Mourns the Wicked (Reprise) _악한 자, 넌 위키드 (반복)

Thank Goodness _감사해

The Wicked Witch of the East _동쪽의 나쁜 마녀

Wonderful _원더풀

I'm Not That Girl (Reprise) _그 소녀는 내가 아냐 (반복)

As Long as You're Mine _나를 놓지 마

No Good Deed _비극의 시작

March of the Witch Hunters _마녀사냥

For Good _널 만났기에

Finale _피날레

위키드의
대표넘버를 감상해보세요!

4-4

내가 사는 이유

: 여신님이 보고 계셔

국군대위 '한영범'은 특별 임무를 부여받고 인민군 네 명을 포로수용소로 이송하기 위해 부하 '신석구'와 함께 이송선에 오릅니다. 하지만 포로들은 배 위에서 폭동을 일으키고 기상 악화로 이송선이 고장 나면서 여섯 명의 군인은 모두 무인도에 고립됩니다.

한국 전쟁 시기의 가상의 섬에서 배를 수리할 수 있는 사람은 인민군 '류순호'뿐이었지만 그는 전쟁 후유증으로 제정신을 잃고 마치 어린아이처럼 행동하게 됩니다. 다른 이들은 살아남기 위해 점점 인간성을 잃어가고 영범은 인민군들에게 인질로 잡히기까지 합니다.

인질이 된 영범은 순호가 악몽에 시달리는 것을 보고 상상 속 '여신님'의 존재를 만들어 줍니다. 순호는 여신을 상상하며 안정을 찾아갑니다.

배를 고치기 위해서는 순호가 필요했기 때문에 인민군은 영범과 순호가 만들어낸 여신의 존재에 함께 어울리게 됩니다. 그들의 작전은 '여신님이 보고 계셔 대작전'으로 그들은 가상의 여신님을 위한 규칙을 세우고 지키기 시작합니다.

집과 화장실이 생겼고 이들은 개인위생과 교양을 챙기며 자신의 생활을 돌보기 시작합니다. 여신님을 위해 서로 음식과 정을 나누기도 합니다.

그리고 그들은 각자 자신의 여신님을 떠올립니다. 영범의 여신님은 그에게 살아가야 할, 돌아가야 할 이유인 어린 딸이었습니다. 그는 어린 딸을 떠올리며 그리운 노래를 부릅니다. 석구의 여신님은 짝사랑했던 동네 누나. 자신의 마음을 전하지 못하고 징집된 석구는 미련과 슬픔을 담아 여신님을 생각합니다.

여신님을 위해 다른 이들에게 춤을 가르쳤던 '변주화'는 재주 많은 군인인데, 그의 여신님은 고향의 여동생이었습니다. 주화는 지금은 기생이 된 동생과 행복해지자고 약속한 미래를 떠올립니다. 그리고 가장 냉정하고 악명 높은 북한군 '이창섭'은 여신의 존재에서 어머니의 모습을 떠올립니다.

그런데 한 명, 조용하고 냉담했던 북한군 '조동현'만이 여신님의 존재를 떠올리지 않았습니다. 하지만 그들 모두는 여신님의 존재에 위안과 안정을 찾습니다.

누구를 위해

혼란의 바다, 미지의 무대
우린 어디로 흘러가는가
막막한 시대, 아득한 희망
우린 어디로 흘러가는가

누구를 위해, 우리는 지금
무엇을 위해, 서로 또 다시
가야 하는가

난 울지 않는다

내가 사는 이유는 아직도 날 기다리니까
돌아갈 방법만 찾으면 되니까
나의 입과 잔머린 아무도 못 따라오니까
써먹을 기회만 찾으면 되니까

악몽에게 빌어

악몽에게 빌어
그만 나를 놓아달라고
악몽에게 빌어
제발 나를 찾지 말라고

그저 살기 위해

자기 자신이 아니라 해도

더는 인간이 아니라 해도

그저 살기 위해, 살아남기 위해, 살아가

불타는 절망과 재가 된 희망

들끓는 욕망 속 순간을 견딘다

막연히 구원을 구걸하면서

서로가 서로의 인생을 뺏는다

여신님이 보고 계셔

꿈이 아파 잠들지 못하는 밤

작은 숨소리마저 아려와

그림자 뒤로 숨고만 싶은 밤

누군가의 온기가 필요한 밤

홀로 외로운 날 받아줄

따스한 품이 간절해지는 밤

눈을 감고 떠올려봐

지금 저 바다 한가운데

파도를 타고 달을 등지고

별빛 수놓은 옷을 입은 여신님을

봄을 깨우는 따사로운 햇살처럼

마른 들판에 내려오는 빗물처럼

미움도 분노도 괴로움도

그녀 숨결에 녹아서 사라질 거야

그만 아파도 돼

그만 슬퍼도 돼

그녀만 믿으면 돼

언제나 우리를 비추는

눈 부신 그녀만 믿으면 돼

여신님이 보고 계셔

그대가 보시기에

제비꽃 동백꽃 수선화 매화

산딸기 산버찌 산더덕 산뽕

정성을 다해 준비했어요

그대가 보시기에 참 예쁘구나 여기게

그대가 보시기에 참 기특하다 느끼게

산뜻한 미소를 연습했어요

꽃처럼 환하게 웃어볼게요

원하신 대로 변해갈게요
그대가 보시기에 참 예쁘구나 여기게
그대가 보시기에 참 기특하다 느끼게

그대가 보시기에 (반복)
여신님 식사는 맨 먼저 챙겨
나머지 음식은 똑같이 나눠
콩 한 쪽까지 함께 즐겨요
그대가 보시기에 참 단란하다 느끼게

세수는 반드시 하루에 한 번
목욕은 다 같이 한 주에 한 번
새로운 내 모습 뽐내볼게요
그대가 보시기에 참 깔끔하다 느끼게

인사는 정중히 고개를 숙여
말투는 공손히 예의를 갖춰
교양이 철철 넘쳐볼게요
그대가 보시기에 참 훈훈하다 느끼게

사실 동현에게도 돌아가야 할 곳이 있었습니다. 바로 전쟁 직전에 월남하여 남쪽에 살고 있는 가족의 품이었습니다. 순호가 여신님에 의지하여 배를 고치는 동안 배를 조금씩 망가트리던 것을 들킨 동현은 자신은 남으로 가고 싶다고 말합니다. 남과 북, 그리고 한 척의 배. 필연적으로 서로 다른 방향을 바라보며 갈등이 찾아옵니다.

하지만 여신님과 함께 생활하던 여섯 사람은 서로의 인간성을 존중했고 서로와의 추억이 쌓여 버렸습니다. 그들은 상대를 외면할 수 없게 됩니다. 자신뿐만 아니라 상대의 돌아갈 곳을 염려하게 된 것입니다. 그때, 남한 정찰선이 나타나 무인도를 폭격합니다.

위태로운 혼란 속에서 순호는 마음속 여신을 마주합니다. 순호의 여신님은 다름 아닌 순호 자신의 마음과 용기. 여신은 순호에게 용기를 내라며, 당신은 '또 다른 나'였음을 일깨워 줍니다.

사실 순호는 제정신을 잃은 게 아니라 모두가 싸우지 않고 지냈으면 하는 마음에 여신의 존재를 믿는 척했던 것입니다. 그런데 실제로 그 여신은 모두의 마음을 울렸고 그들은 순호를, 여신을 위해 자신의 마음을 다잡았습니다.

꽃봉오리

수줍은 인사에 싹을 틔워

마주한 눈빛에 잎이 나서

어느새 훌쩍 자라난 꽃봉오리
전하지 못해 피어날 수 없는 꽃봉오리

나 해야 할 말 너무 많이 남았는데
입술이 안 떨어져 다시 또 삼키네요
혼자서는 백 번, 천 번 전한 마음
앞에선 부끄러워 다시 또 삼키네요

숨겨온 빛깔을 알기 전에
아껴둔 향기가 닿기 전에
시들어 끝내 져버린 꽃봉오리
그마저 좋아 놓아줄 수 없는 꽃봉오리

원투쓰리포

원하는 것들 다 들어줄게
투정 부려도 다 받아줄게
쓰리고 아픈 기억 내가 다
포근히 감싸 안을게, 내가 지켜줄게

기쁨에 넘쳐서, 행복에 겨워서
우리 두 손 꼭 잡고, 밤이 새도록 춤추는
그런 날, 그런 날, 찾아오길 기다려

꽃나무 위에 (반복)

달래 꽃잎 엮어주렴

내님 목에 걸어주게

동백꽃을 따다 주렴

누이 꽃신 신겨주게

바람 타고 강물 넘어

멀리멀리 날아올라

짚신벌레 잡아주렴

우는 아이 놀려주게

찔레 열매 물어주렴

늙은 어미 달여주게

꽃나무 위에 작은 새야

놀다 지쳐 잠들었네

꿈결에 실어

애달프게 쌓인 추억들

그 위에 누워 잠드는 매일 밤

차가워진 바닷바람에

간절한 마음 점점 더 깊어지네요

꿈결에 실어 전해 줄게요

고단한 영혼 쉴 수 있게

꿈결에 실어 흘려보내요
아쉬운 마음 남김없이

지금은 모든 아픔을 달래는 시간
다가올 시련 앞에 맞서 이겨낼 수 있게
꿈결에 실어 전해 줄게요
내게로 와요 잠들어요

돌아갈 곳이 있어

나아갈 수도
도망칠 수도 없어
외면했던 마음
그 마음을 찾아

돌아갈 곳이 있어
깨어 있을 때도
잠든 후에도
언제나 부르고
바라고, 기다리는 곳

지키지 못한 약속
함께 이룰 수 있는 곳
못다한 많은 말들

맘껏 말할 수 있는 곳
길 잃은 날 데리러
난 돌아갈 곳이 있어

하나뿐인 배
서로 다른 길
시간을 타고 흘러
바다에 모인 우리
강으로 흩어지듯
각자의 길로 가야만 해

보여주세요

귀 기울여요
가슴 속 쌓여온 진실에
귀 기울여요
답을 알기 위해서라도 살아남아요

잊지 말아요
전쟁도 싸움도 모두 다 부질없는 거죠
잊지 말아요
그 너머에 있는 당신의 사람들을 봐요
당신의 사람들을 봐요

이제 겁내지 말아요
그대는 또 다른 나였음을
보여주세요

결국 순호는 용기를 냅니다. 사실 순호는 여신님을 모시는 제단에 무기들을 숨겨놓고 있었는데, 이 무기들을 이용하기로 한 것입니다.

남한 정찰선과 연락이 닿은 영범이 적의 세력이 너무 강해서 보강이 필요하다는 거짓말을 하고, 다른 이들은 순호가 꺼내온 무기들을 이용해 세력이 커 보이게 합니다. 남한의 정찰선이 보강을 위해 물러나자, 행선지가 다른 이들은 서로에게 작별 인사를 건넵니다.

그리고 이들은 각자의 자리로 돌아가기 위해 무인도를 나서며 극은 끝이 납니다.

2013년 제19회 한국뮤지컬대상 극본상 수상을 비롯해 다방면에서 사랑받고 있는 한국 창작 뮤지컬 〈여신님이 보고 계셔〉는 아멜리 노통브의 소설 「황산」에서 모티브를 얻었습니다. '황산'은 전쟁 중 인간성을 잃어가는 사람들이 가상의 귀부인을 만들어내고 상상 속 귀부인의 존재가 사람들의 마음과 희망을 지켜준다는 내용입니다.

뮤지컬 〈여신님이 보고 계셔〉는 재치 있는 유머를 활용하여 전쟁 속 아픈 이야기를 적절한 무게감으로 관객들에게 전해 줍니다. 군인이 아닌 각자의 사연을 가진 한 사람으로서 좌절과 대립 속에서도 우정을 키우고 추억을 나누는 모습을 보여주는 여섯 군인은 화합과 공감, 그리고 희망에 대한 메시지를 전합니다.

우리의 마음속에 존재하는 여신님의 목소리는 타인과 자신을 지키기 위한 용기입니다. 하지만 여신님은 결국 우리 스스로 용기를 내야 한다고 짚어줍니다. 따뜻한 가사와 한없이 인간적인 이야기 속에서 관객들은 마음속의 빛을 찾을 수 있습니다.

넘버

누구를 위해
난 울지 않는다
악몽에게 빌어
꽃나무 위에
그저 살기 위해
여신님이 보고 계셔
그대가 보시기에
장군님이 살아계셔
그대가 보시기에 (반복)

꽃봉오리

원투쓰리포

꽃나무 위에 (반복)

꿈결에 실어

돌아갈 곳이 있어

보여주세요

누구를 위해 (반복)

여신님이 보고 계셔의
대표넘버를 감상해보세요!

4-5

너의 꿈에 살고 싶어

: 프랑켄슈타인

뮤지컬 〈프랑켄슈타인〉은 충무아트홀 개관 10주년을 기념하여 제작된 한국의 창작 뮤지컬로, 메리 셸리의 소설 「프랑켄슈타인(Frankenstein)」을 원작으로 하는 작품입니다. 화려한 캐스팅으로 큰 관심을 집중시켰던 이 뮤지컬은 주연 배우 6명이 모두 1인 2역을 담당하며 다채로운 연기의 결을 보여주기도 하였습니다.

배경은 1815년, 나폴레옹 전쟁으로 혼란스러운 시대입니다. 신체 접합술의 대가로 알려진 의사 '앙리 뒤프레'는 군의관으로 참전하여 적군까지 치료했다는 이유로 처형당할 위기에 처합니다. 이때, 주인공 '빅터 프랑켄슈타인'이 나타나 앙리의 죽음을 막고 그를 무기 연구소로 데려갑니다.

빅터는 시체를 활용해 '죽지 않는 군인'을 만들기 위한 연구를 진행하고 있었고 앙리에게 함께 연구할 것을 요청합니다. 생명의 창조는 신의 영역이라며 거부감을 보이던 앙리를 빅터는 확고한 신념으로 설득합니다. 두 사람은 종전 이후 연구를 계속하기 위해 빅터의 고향인 제네바의 프랑켄슈타인 성으로 향합니다.

어린 시절, 흑사병으로 사망한 어머니의 시체를 집에 가져오거나 약혼녀 줄리아의 강아지를 살려낸 적 있는 빅터에게 고향 사람들은 호의적이지 않았습니다.

하지만 빅터는 누나 알렌의 보호와 약혼녀 줄리아의 응원, 앙리의 협력으로 연구를 계속해 나갑니다.

그러다가 그들의 연구는 난관에 부딪힙니다. 실험에 사용한 시체의 뇌는 사후 오랜 시간이 지나 강한 전류를 버틸 수 없었습니다.

빅터의 집사 '룽게'는 장의사에게 보수를 주면 죽은 지 얼마 되지 않은 시체를 구할 수 있다고 조언합니다. 그들은 장의사에게 시체의 머리를 부탁하지만, 욕심에 눈먼 장의사는 평소에 빅터를 동경하던 청년 '월터'를 죽이고 그 머리를 내어주며 큰돈을 요구합니다.

이에 분노한 빅터는 이성을 잃고 장의사를 죽이는데, 앙리는 두 사람이 이루고자 하는 신념, 꿈을 위해 빅터 대신 자백하여 죄를 뒤집어 써버립니다.

알렌은 빅터를 비난하고, 줄리아는 빅터를 위로합니다. 빅터는 뒤늦게 자신이 장의사를 죽였다고 자백하지만, 줄리아의 아버지 '슈테판 시장'이 빅터는 전쟁 후유증을 겪고 있다고 변호하였고 빅터의 자백은 받아들여지지 않았습니다. 앙리 역시 사실을 말해달라는 빅터의 애원에도 침묵하며 빅터를 대신해 사형당하게 됩니다.

앙리의 죽음으로 인해 빅터는 '앙리를 부활시키겠다'는 목표를 갖게 됩니다. 빅터는 앙리의 잘린 머리를 훔쳐 실험실로 돌아가, 결국에는 피조물을 탄생시키고 말았습니다.

그 순간 알렌과 룽게가 실험실로 들어옵니다. 피조물이 빅터를 해친다고 생각한 룽게가 피조물을 공격하자 그는 룽게를 죽여버립니다.

충격을 받은 빅터는 급히 피조물을 죽이려고 하지만, 피조물은 실험실 밖으로 도망쳐버립니다.

단 하나의 미래

생명 그건 단지 우연일 뿐

큰 우주의 아주 작은 사건일 뿐

미세한 세포를 복제하는 화학적 유전자 돌연변이

그것이 생명의 정체

생명 그건 신의 자연섭리
함부로 다가설 수 없는 세계
오직 신만이 정해놓은 질서에 기대어 보존되는 생태계
그것이 생명 불변의 법칙

너의 꿈속에서

네가 말해준 미래가
내 앞에 펼쳐지지 않는다 하여도
그날에 너를 만나지 못했다면
다시 사는 내 인생도 없었을 거야

너와 함께 꿈꿀 수 있다면
죽는대도 괜찮아 행복해
내가 가진 모든 걸 버리고
너의 그 꿈속에 살 수 있다면

나약했던 내 과거를
모두 잊고 너와 함께
새 세상을 상상할 수만 있다면 난
너의 꿈에 살고 싶어

외로운 소년의 이야기

조금은 특별한 남자아이

외로운 소년의 슬픈 이야기
아무도 이해할 수 없었던
큰 눈을 가진 내 동생

아이는 포기할 줄 몰랐지
딴 세상에서 온 것처럼
자신이 믿는 걸 고집했네
희망과는 다른 신념

단백질은 유기질의 결합
전기자극 반응하는 세포
죽음이란 일시적인 방전
재충전을 통해 생명창조

위대한 생명창조의 역사가 시작된다
위대한 생명창조의 역사가 시작된다
인간의 한계를 극복하려는 강한 의지
창조주의 섭리에 맞서 굴복당했던
인간의 허물을 벗는 순간
이 순간부터 날 창조주라 부를지어다

신이여 축복을 아니면 차라리
내게 저주를 퍼부어라

신과 맞서 싸운

나는 프랑켄슈타인

생명은 어차피 우연의 소산물

신의 섭리 같은 운명 따윈 없다

살인 전쟁 목적 없는 파괴

자멸하는 인간들의 선택

발전 없이 반복되는 역사

피해 갈 수 없는 멸종위기

내게 저주를 퍼부어라

신과 맞서 싸워

난 정복하리라

새 생명의 시대

지옥을 탈출한 영혼이여

번개가 내리친 생명체여

너의 창조주가 명하노니

눈을 떠라 일어나라

깨어나

몇 년의 시간이 흘러 빅터와 줄리아는 결혼식을 올리지만 빅터는 피조물의 존재로 인해 불안에 떨며 살아가고 있었습니다.

그러던 어느 날, 슈테판 시장이 실종됩니다. 시장을 찾아 나선 숲속에서 빅터는 그동안 힘겹게 지내온 피조물을 마주합니다. 세상에 홀로 남겨진 피조물은 어느 격투장에서 학대를 받으며 지내왔습니다.

격투장의 하녀 '까뜨린느'가 피조물을 돌봐주며 함께 북극에 가자는 약속을 해 주기도 했지만, 까뜨린느 역시 비극적인 상황 속에서 피조물을 배신하고 행방이 묘연해졌습니다.

결국 혼자 남겨진 피조물은 분노 속에서 자신의 창조주인 빅터에게 복수하겠다 선언합니다. 빅터가 피조물과 만나는 사이, 슈테판 시장이 살해당했음이 밝혀지고 알렌이 살인범으로 몰려 광장에서 사형당하게 됩니다.

절망에 빠진 빅터는 알렌을 살려내기 위해 알렌의 머리를 실험실로 가져가지만, 그의 실험실은 이미 피조물에 의해 부서진 상태였습니다.

빅터는 깊은 절망에 빠지고 피조물은 그런 빅터에게 복수를 예고하고 사라집니다. 피조물은 빅터에게 복수를 예고한 날, 줄리아를 살해합니다. 그리곤 빅터에게 자신은 북극으로 떠난다는 말을 남기고 사라집니다.

도망자

당신의 피조물이 겪어야 했던 이야기
아무도 예측할 수 없었던 존재의 슬픔
탄생했을 때부터 피냄새를 맡아야 했던
지독히 운 없는 존재

난 왜 축복 대신
저주를 목에 걸고
나와야만 했나

그곳에는

그곳에는 사람이 없어
그곳에는 슬픔도 없어
누구도 강요하지 않아
그곳에는 자유가 있어

그곳에는 인간이 없어
그곳에는 욕심도 없어
누구도 상처 주지 않아
그곳에는 평화가 있어

그 누구도 찾지 않는 그곳에서
사람들이 알 수 없는 그곳에서

세상의 저 끝에서 살고 싶어
자유롭게 평화롭게 살고 싶어

산다는 거

산다는 거 거참 우습네
산다는 거 구역질이나
산다는 거 짐승과 내가
뭐가 달라 결국 죽으면
땅에 묻혀 썩을 텐데

지긋지긋한 내 인생아
버러지 같은 내 인생아
그래도 벗어나고 싶은 욕망
그저 인간이 되고 싶어
누가 날 기억할까

난 괴물

이 세상에 혼자 단 하나의 존재
철 침대에서 태어난 나는
너희완 달라 인간이 아냐
그럼 나는 뭐라 불려야 하나

나의 신이여 말해 보소서

대체 날 뭘 위해 만들었나
단지 취미로 호기심에 날 만들었나
숨을 쉬는 나도 생명인데

왜 난 혼자서
여기 울고 있나요
여기 버려진 채로
정녕 내겐 태어난 이유가 없나

피는 누군가의 피
살은 누군가의 살
나는 누군가의 피와 살로 태어났네

나의 신이여 나의 창조주시여
내가 아팠던 만큼 당신께 돌려드리리
세상에 혼자가 된다는
절망 속에 빠트리리라

그날에 내가

아무도 위로하지 않아
떼를 쓴다고 누구도 관심 갖지 않아
그게 혼자가 된다는 것

하지만 기억해 넌 특별해
세상 그 누구보다
멋진 꿈을 꿀 수 있어
언젠가 우리 다시 만나는 그날에
멋진 너의 꿈을 보여주렴
그날에 내가 널 꼭 안아줄 테니까

상처

어떻게 성장하고
어떻게 행복할까
어떻게 사랑하고
어떻게 죽을 건가

신이 되고 싶었지만
무책임한 욕심일 뿐
인간은 왜 이 세상이
자기 것이라 생각할까

한 괴물이 있었네
그저 상처 속에 살던
저세상 끝 그곳에
행복 그런 게 있을까

절망

절망을 만들어냈네 너 같은 괴물과 함께
찬란한 꿈은 깨지고 커다란 무덤이 됐어
신이 되고 싶었는데 악마가 되어버렸네
인간을 넘으려 했던 모든 게 나의 실수

교만한 나의 창조주여
저 보름달이 갈라질 때
그때 다시 돌아와서
내가 당한 고통만큼
돌려주리라

후회

신이 계신다면 들으소서
나약했던 한 인간의
외로운 싸움을 고독한 진실을
발버둥 치려 했던 나의 운명을

밤하늘 빛나는 저 별처럼
위대한 하늘을 꿈꾸었네
날 삼키려 하는 운명에 맞서
내 심장은 뛰었는데

이제는 날 위해 울어줄 사람도 없어
세상 그 누가 알 수 있을까
나의 외로운 싸움을 고독한 진실을
발버둥 치려 했던 내 운명

빅터는 모든 것을 잃은 절망 속에서 북극으로 찾아가 자신의 피조물을 마주합니다. 치열한 싸움 끝에 빅터는 총으로 피조물을 쏘아 죽입니다.

하지만 빅터 역시 피조물의 칼에 다리를 찔린 상태였습니다. 빅터의 다친 다리로는 북극에서 벗어날 수 없었고 피조물은 모든 것을 잃고 이곳에 혼자 남은 것이 자신의 복수라고 말하며 숨을 거둡니다. 빅터는 북극의 가장 높은 곳에서 홀로 남아 괴물의 죽음을 지켜보게 됩니다.

〈프랑켄슈타인〉의 인물들은 탄생과 죽음, 그 속에서 신의 피조물로 태어난 존재로서의 한계에 부딪히며 신념과 소망, 고통과 외로움을 안고 살아갑니다.

인간의 오만과 길 잃은 신념은 이야기를 돌이킬 수 없는 비극으로 몰고 가지만, 근원적인 한계를 벗어나 죽음의 굴레를 끊어내고 인류의 운명을 극복하고자 한 그의 시도는 삶에 대한 열망이자 미래를 위한 희망이었습니다.

피조물의 처절한 복수극 역시 잔인하게 행복을 가로막는

한계 앞에서 삶을 사랑하면서도 신을 원망하는 인간의 모습과도 닮아있습니다. 그렇기에 이들의 운명을 지켜보는 관객들은 함께 고민하고 좌절하며 극의 막이 내린 후에도 깊은 여운에 잠기게 됩니다.

넘버

1막

서곡

워털루

단 하나의 미래

너의 꿈속에서

평화의 시대

혼잣말

외로운 소년의 이야기

한잔의 술에 인생을 담아

살인자

나는 왜

살인자 (반복)

너의 꿈속에서 (반복)

위대한 생명창조의 역사가 시작된다

또다시

2막

평화의 시대 (반복)

그대 없이는

행방불명

도망자

남자의 세계

넌 괴물이야

그곳에는

협박

산다는 거

남자의 세계 (반복)

난 괴물

살인자 (반복)

그날에 내가

상처

절망

오늘 밤엔

줄리아의 죽음

후회

나는 프랑켄슈타인

프랑켄슈타인의
대표넘버를 감상해보세요!

4-6

선과 악의 가면을 벗으며

: 지킬 앤 하이드

뮤지컬 〈지킬 앤 하이드〉는 로버트 루이스 스티븐스의 소설 「지킬 박사와 하이드 씨(Dr. Jekyll and Mr. Hyde)」를 원작으로 하는 뮤지컬입니다. 1997년 브로드웨이 초연 이후 현재까지 꾸준한 사랑을 받고 있습니다.

주인공 '지킬'은 영국 런던의 의사로 정신분열증을 앓는 아버지와 함께 살고 있습니다. 지킬은 아버지와 같은 정신분열증 환자를 위해 인간의 성격을 분리하는 약을 만들고자 합니다.

하지만 병원 이사회는 반인륜적이라는 이유로 약물의 임상실험을 허가하지 않습니다. 실망한 지킬은 이후 열린 자신의 약혼 파티에서 약혼녀 '엠마'의 응원으로 기운을 차리게 됩니다.

약혼 파티가 끝나고 지킬의 변호사 '어터슨'은 그를 한 술집으로 데려갑니다. 그곳에서 학대받고 있던 '루시'. 지킬은 루시에게 도움을 주고자 명함을 건네줍니다.

다시 실험실로 돌아온 지킬은 결국 자기 자신을 대상으로 약물 실험을 강행합니다. 하지만 지킬의 실험은 성공하지 못했습니다. 지킬에게서 분리된 '선'과 '악' 중 '악'은 '하이드'라는 새로운 인격이 되어 지킬에게 잠재되어 있던 어두운 성격을 깨우게 됩니다.

지킬은 주변 사람들을 만나지도 않은 채 자신의 실패를 수습하기 위해 연구합니다. 약혼녀 엠마와도 점점 사이가 멀어졌고 친구 어터슨의 만류에도 지킬은 실험에만 몰두합니다.

그러던 어느 날, 상처를 입은 루시가 지킬을 찾아옵니다. 지킬은 루시의 상처를 치료해 주고 루시는 친절한 지킬에게 사랑에 빠져버리지만, 사실 루시를 다치게 만든 것은 하이드였습니다.

지킬은 죄책감을 느끼지만 하이드는 악행을 멈추지 않습니다. 결국 하이드는 지킬의 실험을 반대했던 주교를 살해하기까지 합니다. 주교 살인사건으로 런던은 공포에 잠겼고 하이드는 지킬의 실험을 반대한 다른 이들까지 찾아가 모두 죽여버립니다.

지킬은 하이드를 멈추기 위해 더욱 실험에만 열중하게 됩니다.

Lost in the Darkness _그대 향한 길

밤 검은 어둠 길 잃은 당신
새벽은 멀고 끝없는 밤
나 당신에게 이 어둠 뚫고
다가서려 하지만 멀어지네

I Need to Know _알아야 해

알아내야 해
이 어두운 내면 속에 들어갈 길을
알아내야 해
정신을 분리해 통제할 길을
왜 현명한 사람도 단 한 순간 어둠에 영혼을 빼앗겨
그 속에서 빠져나올 수 없나
내가 그들의 손 잡아줄 수 있다면

찾아야 해, 이 어둠 속 갇힌 그들의 비밀
찾아야 해, 온전한 정신이 사라진 이유를
왜 세상은 그들을 버리는가
왜 죄 없는 자들을 가두는가
왜 악령에 씌었다 생각하는가
왜 숨겨진 빛을 왜 외면하는가

알아야 해 그 숨겨진 빛을 향해

누구도 가지 않았던
오직 나만이 가야 할 험난한 길
나는 가리

Façade _가면

이미 알고 있어 이미 눈치챘어
겉만 번지르르한 너의 가면 속을
알고 나면 진실이란 허상
밤이 오기까지 감춰놓은 얼굴

겉만 알고 속은 몰라
보이는 게 다가 아냐
인간들은 변장의 달인
이 음흉한 비밀은 뭘까
그 거짓은 사실일까

정신 차려 모두 허상이지
때론 양떼처럼 때론 늑대처럼
때론 천사처럼 때론 악마처럼
그게 인간 절대 알 수 없지 가면 속의 허상
절대 알 수 없지 가면 속의 정체
그게 너, 바로 너!

I Must Go On _내가 걷는 길

세상일이란

시작할 때 끝을 알죠

틀린 길도 가지만

언젠가 찾을

소중한 그 길을

Take Me as I Am _당신이 나를 받아준다면

가끔씩 난 바라보곤 해

가야 할 길 내가 걸어갈

가끔씩 난 의심하곤 해

왜 이런 험한 길에

절망하고 아파할 때

그대 아닌 그 누가

당신이 나를 받아준다면

우린 이미 알아요 운명을

함께 걸어가야 할 길

손을 내게 마음을 내게

This is the Moment _지금 이 순간

지금 이 순간 지금 여기

간절히 바라고 원했던 이 순간

나만의 꿈 나만의 소원
이뤄질지 몰라 여기 바로 오늘

지금 이 순간 마법처럼 날 묶어왔던 사슬을 벗어던진다
지금 내겐 확신만 있을 뿐 남은 건 이제 승리뿐
그 많았던 비난과 고난을 떨치고 일어서
세상으로 부딪혀 맞설 뿐

First Transformation _변화

9월 13일 밤 11시 56분
나 홀로 시작한 일을 나 홀로 끝내야 한다
이 실험의 대상을 결코 그 누구도 아닌
나 자신이 되어야 함을 깨달았다
나도 모를 알 수 없는 내 안에서 일어날 모든 일들
이제는 다 받아들여야 할 수밖에

아름답구나 반짝거리며 내 심장처럼 붉기도 하지
내 눈앞에서 변해가는 찬란한 빛깔
영롱한 붉은 꽃 내 맘을 유혹해
이 어둠 속에서 내게 빛을 던지네

Alive _얼라이브

길을 잃어버린 나 의문이 가득한 달

천국이 저주한 낙인 불타올라

살아 숨 쉬는 강한 느낌 악이 가득한 피 냄새로

거부 못 하지 그 누구도

느낄 수 있어 나는 에드워드 하이드

His Work and Nothing More _기도하네

자네를 봐 냉정해져 봐 무언가에 사로잡혀서

안 그랬어 침착했어 다정해도 열정적이었어

허나 이젠 안 그런 걸 달라진 걸 이상한 느낌

내가 아는 자네와는 딴판이 돼버렸어

Sympathy and Tenderness _사랑에 빠진 것 같아

선량함 상냥함 따뜻한 손길 내 몸을 감싸네

인자함 친절함 몰랐던 느낌 그에게 어울려

사랑에 빠질 것 같아 난 나른해져

Someone Like You _당신이라면

창문 너머로 어느 틈에 힘들던 기억 떠밀려 와

두 눈을 감아도 떠나지 않는 내 안의 아픈 기억들

설마 누가 날 위로해

허나 당신처럼 당신과 같은

그런 사랑 나에게 다가온다면

지킬을 걱정한 엠마는 그의 실험실에 찾아가 믿음을 주고 의지가 되어줍니다. 루시와 엠마는 각각 지킬을 향한 사랑을 키워가게 됩니다.

한편, 어터슨은 지킬의 부탁으로 실험실에 방문했다가 하이드를 만나게 됩니다. 하이드는 어터슨의 눈앞에서 약물을 주사해 지킬로 변합니다. 지킬은 루시가 위험에 처해 있다는 사실을 알리고 '이곳을 떠나 새로운 인생을 찾으라'는 내용의 편지를 전해달라고 부탁합니다.

어터슨에게 편지를 전해 받고 루시는 새 인생을 찾아 떠나려 하지만, 그 순간 하이드가 찾아와 자신을 떠나려 하는 루시에게 분노하여 그를 죽여버립니다. 루시의 죽음에 충격받은 지킬은 그 자리에서 도망칩니다.

그것도 잠시, 하이드를 이대로 둘 수 없었던 지킬은 주도권을 얻기 위해 하이드와 싸우게 됩니다. 하지만 어느 쪽도 한쪽을 억누르지 못합니다.

마침내 지킬이 하이드를 숨기는 데 성공하여 엠마와의 결혼식을 치르게 되지만, 하이드는 여전히 지킬의 뒤에서 기다리고 있었습니다.

Murder, Murder _살인, 살인

죽음이 그의 삶을 훔쳤네 죽음이 늘어만 가네
친구여 편히 잠들지어다 감사해 살아있음에
하나님이 우릴 도와 살아남게 하소서

The Way Back _나의 길을 가겠어

다시는 돌아올 수 없다 하여도 가야만 해
나를 찾아야 해 나를 믿어야 해
무언가 잘못되어 모든 걸 잃는다 할지라도
꿈이 부서져도 삶이 끝난대도

내 죽어 한 줌 흙이 되어도
내가 선택한 이 길을
세상이 내게 던진 숙제를
이 목숨 끊어질 그 날까지

누군가 비난을 비처럼 퍼부어 댄다 해도
나를 할퀼 듯이 나를 삼킬 듯이
미칠 듯 내 안에 사악한 바람이 불어와도
막을 순 없어도 버티다 못해도

난 하늘 향해 외치리
결코 포긴 못 하리

나의 길을 가겠어

A New Life _시작해 새 인생

이제는 알 것 같아 세상을 이제는
몰랐었겠지 미처 그때는
호기심만 가득했을 뿐

내 사랑 나를 뒤흔들고 떠난 사랑
홀로 남아 어쩌지도 못해
추억들을 지워야만 해
일어나 툭툭 털고 꿈에서 깨어나
공연한 환상에서 벗어나
잘해왔잖니 지금까지

내 인생 보잘 것은 없다 해도 내 삶
내 스스로를 감당해야 할 내 삶
쓰러지지 마 버텨야 해
새 인생 폭풍은 지나갔어
새 인생 다시 태어날 것처럼 환생
풀잎처럼 다시 일어서
내가 살아가야 할 인생
시작해 새 인생

결혼식 날, 불안정하게 잠들어있던 하이드가 깨어나 지킬과 싸운 적 있는 '스트라이드'를 살해하고 엠마를 인질로 삼습니다. 엠마는 하이드의 뒤로 물러난 지킬에게 말을 걸어 순간적으로 하이드 대신 지킬을 불러냅니다.

지킬은 더 이상 스스로를 통제할 수 없다고 생각했고, 어터슨에게 자신을 죽여달라고 부탁합니다. 어터슨은 그럴 수 없다며 거절하지만 지킬은 그의 칼에 스스로 뛰어들어 버립니다.

하이드의 존재는 지킬의 죽음으로 사라지게 되었고 지킬은 엠마의 품에서 눈을 감습니다. 지킬은 아버지를 비롯한 정신분열증 환자들을 위해 실험을 시작해 자신의 몸까지 내던졌습니다. 하지만 그런 그에게도 악한 내면이 있었고 지킬의 선한 의도와 달리 많은 이들을 해치게 되었습니다.

지킬은 결국 다른 이들과 자신의 마음을 지키기 위해 죽음을 선택합니다. 더 나은 순간을 향해 나아가며 미지를 이해하고자 하는 인간의 바람과 그에 비해 미약한 인간의 능력, 그리고 만연한 악을 통제하며 살아가는 인간의 선함에 보내는 안타까운 찬사와 응원을 뮤지컬 〈지킬 앤 하이드〉는 아름답고 깊이 있는 가사로 노래하고 있습니다.

넘버

1막

Prologue _프롤로그

Lost in the Darkness _그대 향한 길

I Need to Know _알아야 해

Façade _가면

I Must Go On _내가 걷는 길

Take Me as I Am _당신이 나를 받아준다면

Letting Go _홀로 설 때가 된 것을

No One Knows Who I Am _나는 누구일까

Bring on the Men _뜨겁게 온몸이 달아올랐어

Now There is No Choice _선택은 없어

This is the Moment _지금 이 순간

First Transformation _변화

Alive _얼라이브

His Work and Nothing More _기도하네

Sympathy and Tenderness _사랑에 빠진 것 같아

Someone Like You _당신이라면

Alive (Reprise) _얼라이브 (반복)

2막

Murder, Murder _살인, 살인

Once Upon a Dream _한 때는 꿈에

Streak of Madness _미워하긴 힘들죠

In His Eyes _그의 눈에서

It's a Dangerous Game _나도 몰랐던 나

The Way Back _나의 길을 가겠어

A New Life _시작해 새 인생

Lucy's Death _루시의 죽음

Lost in the Darkness and Confrontation _대결

Façade (Reprise) _가면 (반복)

The Wedding _웨딩

지킬 앤 하이드의
대표넘버를 감상해보세요!

Jesus Christ Superstar

PART 5

흘러가는 시간, 나아갈 역사

인간의 삶은 쌓여가는 역사와 비슷합니다. 수많은 삶이 모이면 다시 커다란 역사가 되어 발자취로 남게 됩니다. 뮤지컬은 주인공을 통해 개인과 가정, 혹은 시대, 나아가 인류의 커다란 역사를 조명하기도 합니다.
작품 속의 시간을 함께하면 지나간 시간을 뒤로한 채 미래로 나아가는 그들을 응원하며 그 역사의 일부가 될 수도 있습니다. 또, 때로는 우리에게 익숙한 역사를 재해석하여 낯선 여지를 남기기도 합니다. 이렇게 다양한 크기의 역사를 노래한 뮤지컬들은 흘러간 우리의 과거와 당연하게만 여겨온 과거의 기록들을 새롭게 받아들이도록 시야를 넓혀 줍니다.

5-1

수많은 오류에도 살아간다

: 땡큐 베리 스트로베리

언젠가 집안일과 돌봄을 도맡아줄 인간을 꼭 닮은 로봇이 나오지 않을까 하는 익숙한 상상. 〈땡큐 베리 스트로베리〉는 그런 상상에 기반을 두고 있습니다.

〈땡큐 베리 스트로베리〉에는 세상과 단절된 채 홀로 어두운 방에서 여생을 보내는 독거노인 엠마가 등장합니다. 가끔 마을의 누군가 찾아와도 환영하기는커녕 신경질을 내고 욕을 뱉는 그에게, 어느 날 택배가 하나 도착합니다. 주문한 적도 없는 택배에 엠마는 의아해하지만, 이 택배는 정부에서 무료로 배포한 것이었습니다.

택배의 내용물은 도우미 로봇으로, 사람의 외형과 아주 똑같이 생겼습니다. 주인의 행복한 여생을 위해 세심하고 사려 깊은 행동을 하라는 임무가 로봇의 데이터에 입력되어 있습니다.

로봇의 이름은 '스톤'. 청소, 빨래, 설거지와 같은 집안일은 기본이며, 다양한 방법으로 사람의 심리상태를 파악하고 대화 상대가 되어주고 이야기를 들려주기도 합니다.

엠마는 갑작스레 찾아온 변화를 받아들이지 못하고 괴팍한 말들로 로봇을 밀어냅니다. 하지만 로봇은 꿋꿋하게 엠마의 곁에서 엠마를 돌보고 함께합니다. 이 모든 것에 대한 대가는 '미안해'도, '필요 없어'도 아닌, '땡큐'라는 감사 인사 한 마디라고 강조하면서요.

싱글라이프

괜찮아, 혼자면 어때!
요즘 세상엔 즐길 게 아주 많은데
싱글 마을에선 모두 행복해
혼자서 인생을 즐기는 방법
다들 저마다 바쁜 싱글라이프
행복한 인생

혼자

시끄러운 삶이여 어서 끝나라
내 지루한 인생아 지나가라
고단한 내 하루야 빨리 흘러가라

도우미 로봇

이제 간단히 몸을 움직여요

가볍게 왈츠는 어때요

어렵지 않아요

하나 둘 셋

하나 둘 셋

땡큐 베리 스트로베리

땡큐

그 말 한마디면 돼

정말로 고마울 땐

정말로 미안하단 말 대신

땡큐 베리 스트로베리

수많은 오류에도 살아간다는 건

그 자체로 이야기

피아노 자장가

어떤 색깔의 꿈을 꾸고 있나요

어떤 이야기가 숨겨져 있나요

나도 알고 싶어요

내일 아침 눈을 뜨면 제일 먼저 알려주세요

당신의 밤은 어땠는지

영화이야기

인간의 기억은 너무나 가벼워

잊혀지고 변하고 사라지기도 하니까

아냐 사라진 건 아니지

어딘가에 숨어있는 것뿐

그 숨어버린 기억들

하나씩 찾으면 그뿐

하나씩 찾으면 그뿐

밖으로

숨을 크게 쉬어봐

이제 나와 함께 가는 거야

늘 당신 곁에 있는 나

변하지 않아 약속할게

가짜 같은 세상에 진짜

꿈을 꾸나 봐

우리 작은 천사가

어떤 색깔로 꿈을 꾸고 있을까

어떤 이야기가 숨겨져 있을까
아름다운 꿈이 있다면
내일 아침 눈을 뜨면
조용히 속삭여줄래
너의 꿈이 어땠는지

이 거짓말 같은 세상에
진심 같은 가짜에
거짓된 웃음들 속에
당신과 나 단둘뿐인 곳에서
우리의 행복이 끝나지 않기를

마침내 엠마는 스톤에게 마음을 열어가며 자신의 주변을 돌아보게 됩니다.

사실 엠마에게는 딸과 남편의 죽음에 충격을 받았던 과거가 있습니다. 스톤에게 마음을 열며 엠마는 아팠던 감정, 과거의 망령이 깃든 물건 등 과거의 기억들을 돌아봅니다.

엠마가 더 이상 회피하지 않고 과거의 자신을 받아들일 때, 엠마의 변화가 시작됩니다. 비로소 엠마의 인생이 엠마 자신의 것이 되는 순간, 엠마는 집 밖으로 발을 내딛습니다. 엠마의 삶에는 다시금 햇살이 드리우고 비로소 다시 살아있는 인간으로서의 순간을 맞이합니다.

기억났어 이제

살았지만 죽어있던 내 모든 순간들

모두 잊고 살았어

신기한 일이지

왜 잊으려 한 걸까

왜 잊고 싶었던 걸까

나는 어디에 있었을까

신기한 일이지 당신의 기억을 알 것만 같아

내가 잊어버린 아니 내 기억이 아닌 기억까지도

어쩌면 나는 당신과 함께했었던 기억들로

살아가고 있는지도 몰라

당신은 내 기억

눈을 떠 보면 사랑한 순간들이

생각할수록 따뜻했던 찰나의 순간들이

추억으로 남아 당신과 함께 영원히

땡큐 함께한 순간들

땡큐 잊지 못할 시간들

땡큐 사랑했던 기억들

땡큐 아름다운 추억들

당신은 내 기억, 내가 잃어버린 시간
잊지 마 난 늘 당신 곁에
변치 않을 당신의 기억으로
남은 인생 영원히

자 이제 이 문이 닫히고
우리의 마지막 얘기는 끝이 나요
안녕을 얘기하고 나면 슬퍼질지 몰라
하지만 기억해요 사라진 건 아냐
어딘가에 숨어있는 것뿐

우리는 삶의 과정에서 수많은 실수와 오류를 범하고 아픈 순간을 만나게 됩니다. 어느 순간에는 피할 수 없는 이별과 이겨낼 수 없는 크나큰 고통이 찾아와 사랑과 추억을 앗아가기도 합니다.

그런 순간들이 모인 과거를 안고서 살아가자면, 한 사람의 역사는 한 사람의 몫 이상으로 거대합니다. 그리고 과거를 받아들이는 방식을 통해 삶을 살아가는 태도가 결정되곤 합니다. 우리는 과거를 의식하고 변화하는 만큼 우리의 현재와 미래를 살아나가기 때문입니다.

크레이티브와이에서 제작한 창작 뮤지컬 〈땡큐 베리 스트로베리〉는 삶을 긍정하는 치유의 이야기로 누구에게나 존재하는 성장의 가능성을 노래합니다. 떠나간 것들을 잃지 않고 사랑할 수 있도록, 그리고 그 모든 과거로 이루어진 나를 긍정할 수 있도록, 마침내 현재의 변화를 받아들이기 위한 용기를 낼 수 있도록 쌓여온 슬픔과 고통에도 불구하고 과거를 잊지 말라고 강조합니다.

〈땡큐 베리 스트로베리〉는 우리 모두가 안고 있는 아픈 과거의 상처에 따뜻한 인사와 변화의 가능성을 건네며 관객들의 마음을 따뜻하게 만들어주는 작품입니다.

넘버

싱글라이프
혼자
도우미 로봇
땡큐 베리 스트로베리
딸 미아
피아노 자장가
영화이야기
밖으로
이상한 일이야
영화이야기 (반복)

신기한 일이지
지금 뭐하고 있는 걸까
기억났어 이제
가짜 같은 세상에 진짜
당신은 내 기억
나는 변하고 있어

땡큐 베리 스트로베리의
대표넘버를 감상해보세요!

5-2

운명이 날 여기로 불렀지

: 레베카

대프니 듀 모리에의 소설 「레베카」를 원작으로 한 서스펜스의 거장으로 평가받는 앨프리드 히치콕 감독의 영화 〈레베카〉. 두 작품을 토대로 뮤지컬 〈레베카〉가 탄생했습니다.

미하엘 쿤체는 이 이야기가 뮤지컬로 공연될 때 빛날 것이라 확신하며 극본을 썼고, 오스트리아 빈에서 〈레베카〉의 첫 공연이 시작되었습니다.

'막심 드 윈터'는 아내 '레베카'를 잃고 힘든 나날을 보내던 때 몬테카를로 여행에서 '나'를 만나 사랑에 빠지고 맙니다. 둘은 행복한 결혼식을 올리고 두 사람이 살게 될 맨덜리의 저택은 아름답습니다.

하지만 그 아름다움은 왠지 모를 기묘함으로 변화하며 집사 '댄버스 부인'을 비롯한 저택의 모든 것이 '나'를 압박하기 시작합니다. 그리고 가면 무도회가 열리는 어느 날, '나'는 레베카와 같은 디자인의 드레스를 입게 됩니다. '나'의 드레스를 본 막심은 크게 분노하고 '나'와 막심의 관계는 위태로워집니다.

뮤지컬을 감상하다 보면, "레베카는 도대체 언제 등장하는 것일까?"하는 의문이 들곤 합니다. 극 중에서 레베카의 모습은 전혀 찾아볼 수 없습니다. 레베카는 이미 사망한 인물이며 극은 '나'의 시점으로 전개됩니다. 모든 사건을 겪는 주체는 '나'이며, 레베카는 '나'에게 드리운 그림자와 같습니다.

Ich hab geträumt von Manderley _어젯밤 꿈속 맨덜리

어젯밤 꿈속 맨덜리 어둠 속의 추억
그립지만 아픈 상처 그 속에 꽃핀 사랑

항상 내 맘을 짓눌러왔던 레베카의 그 영혼
난 깨달았어 과거에 맞서 싸워야 한다는 걸

거센 불길을 헤치고 절망끝에 온 희망
어젯밤 꿈 속 맨덜리 영원을 꿈 꾼 사랑

Er verlor unerwartet seine Frau Rebecca _아침 식사

벌써 다 잊은 걸까
떠나간 레베카

열렬히 사랑했다던

그의 아내 레베카

Zauberhaft natürlich _놀라운 평범함

무엇이 이토록 내 맘을 움직일까

말로는 설명할 수 없는 느낌

차가운 바람도 오늘은 왠지

따스히 느껴져

놀라운 평범함 자연스러움

해맑은 그 모습

있는 그대로가 다 전부인 사람

겉치레는 없어

어딘가 서툰 그 표정 그 몸짓

그녀의 곁에서 난 자유로워져

잊고만 지낸 행복이란

말이 날 부르네

Zeit in einer Flasche _행복을 병 속에 담는 법

안 돼 울지 마

감사하며 이별할래

함께한 시간들 추억이니

어색했던 첫 만남도 아름다웠지
그 바다처럼 빠질 것 같던 당신 눈빛

난 정말 꼭 알고 싶어
행복을 병 속에 담는 법

순간의 마법을
내 꿈의 진실을
사랑의 추억을
지나가지 않게
시간을 잡아둘 순 없나

영원히 깨지 않는 꿈
그 속에서 살 수 있게

당신이 없어도
나 어쩜 견딜 수 있어
함께 한 그 모든 순간들을
유리병에 담는다면

Sie ergibt sich nicht _영원한 생명

난초에 피는 꽃은 특별해
죽었다고 생각했을 때

검게 시든 풀잎 사이로

다시 붉은 꽃을 피우지

그녀 난초처럼 되돌아올 걸 난 알아

영원한 생명 죽음을 몰라

그녈 굴복시킬 수 없어 누구도

우리 곁에서 숨을 쉬어

난 느낄 수 있어

날 불러 자신을 되살리라고

절대 길들일 수 없는 사람

당당했었지 누구보다 영리해

어떤 남자도 그녈 다 가질 순 없어

자유로운 영혼

Gott, warum? _신이여

도망도 소용없어

과건 끝까지 날 쫓아와

난 자유가 아닌 거야

싸워 이길 때까지

이젠 피할 수 없는 길

나의 과거를 마주하고서

내 저주를 풀 시간

운명이 날 여기로 불렀지
더는 피할 수 없는 싸움
그게 내가 맨덜리로 돌아온 이유
난 더 강해져야 해
검은 밤의 그림자보다

Finale-Eester Akt _1막 피날레
레베카 감히 그 누구도
당신의 자리를 대신할 수 없어
모두 다 당신만을 기다려
레베카 나의 레베카
어서 돌아와 여기 맨덜리로

막심과의 갈등 이후 '나'의 괴로운 나날이 이어지던 가운데, 해변에서 레베카의 보트와 시신이 발견됩니다. 막심은 그제야 레베카의 죽음에 얽힌 비밀을 털어놓게 됩니다.

사실, 레베카는 훌륭한 아내의 역할을 할 테니 자신에게 신경 쓰지 말라는 조건을 내세워 일종의 계약으로써 막심과 결혼하였습니다. 결혼 후 그를 사랑하지 않았던 레베카는 여러 남자와 외도하고, 막심은 가문의 명예를 위해 레베카의 제멋대로인 행동을 견뎌왔습니다.

그러던 어느 날, 막심과 레베카는 언쟁을 벌이게 됩니다. 막심은 분노를 참지 못하고, 레베카를 밀어버립니다. 이 사고로 다시 눈을 뜨지 못한 레베카. 절망한 막심은 바닷가에 레베카의 시신을 은폐합니다.

'나'에 의해 레베카의 시신이 발견되자, 레베카의 죽음에 대한 재판이 열리게 됩니다. 진실을 알게 된 '나'와 막심은 레베카의 사망을 자살이라 주장합니다. 재판 과정에서 레베카의 산부인과 내원 사실과 암 말기 진단 등이 밝혀지며, 재판은 레베카에게는 '나'와 막심에게 유리하게 흘러가는 듯 보입니다.

Rebecca - Version 2 _레베카

레베카 지금 어디 있든
멈출 수 없는 심장소리 들려와
바람이 부르는 그 노래
레베카 나의 레베카
어서 돌아와 여기 맨덜리로

너의 어떤 말도 다 듣고 있어
조심해 도망쳐

이 모든 것들은 그녀의 것

배신의 대가 참혹하지

용서 없어

전부 그녀의 것

손댈 생각도 마

그녀는 복수의 신

Du liebst sie zu sehr _그녀는 당신의 전부

그녀는 돌아왔죠

유일한 당신의 사랑 레베카

아무도 그녀 빈자릴

대신할 순 없는 거죠

당신을 난 가질 수 없어

Kein Lächeln war je so kalt _칼날 같은 그 미소

칼날 같은 그 미소 내 심장을 찔러

전부 잊을 수 있어도

지울 수 없는 미소

싸늘한 미소

칼날 같은 그 미소

Die Stärke einer Frau _여자들만의 힘

여자는 더 강한 존재야

사랑을 위해 싸울 땐

세상 모든 역경 앞에서

바다를 갈라 산을 옮겨

그게 바로 여자들만의 힘

Jenseits der Nacht _밤의 저편

악몽의 끝

이젠 아픔을 지워

암흑 같던 절망을 벗어던져

저 파란 하늘 우릴 반겨주네

사랑할 수 있게

Ich hab geträumt von Manderley (Reprise) _어젯밤 꿈 속 맨덜리 (반복)

벼랑 끝에도 다리를 놓지

환한 빛의 다리를

거센 불길을 헤치고

절망 끝에 온 희망

어젯밤 꿈 속 맨덜리

자유를 꿈 꾼 사랑

재판에서 레베카의 자살 동기를 인정했기 때문에 사건은 레베카의 자살로 마무리됩니다. 하지만 레베카를 위해 평생을 헌신했던 댄버스 부인은 충격에서 벗어나지 못합니다.

결국 댄버스 부인은 맨덜리 저택에 불을 질러 저택과 함께 불타버립니다. 살아남은 것은 '나'와 막심. 불이 꺼지고 해가 떠오르는 맨덜리를 마주하는 두 사람을 두고 극은 막을 내립니다.

레베카의 죽음을 둘러싼 의혹과 광기, 분노, 절망, 그리고 사랑까지. 그야말로 서스펜스의 극을 달리는 이야기 속에서 관객들은 어쩌면 그들에게 동화되어 불안과 공포를 느낄지도 모르겠습니다.

현재와 미래를 살아가려는 '나'의 발목을 붙드는 레베카 앞에서 멈췄더라면, '나'와 막심은 댄버스 부인처럼 과거의 망령과 함께 스러졌을 것입니다.

하지만 그들은 계속되는 삶을 포기하지 않았습니다. 마침내 그들은 그림자를 떨쳐내고 지나간 과거가 아닌, 살아있는 이들의 운명과 특권을 누리게 됩니다.

지나간 시간과 찾아올 미래 사이의 선명한 대비는 뮤지컬 〈레베카〉를 오래도록 뇌리에 남게 합니다.

넘버

1막

Ich hab geträumt von Manderley _어젯밤 꿈속 맨덜리

Du wirst niemals eine Lady _절대 귀부인은 못 돼

Er verlor unerwartet seine Frau Rebecca _아침 식사

Am Abgrund _절벽에서

Zauberhaft natürlich _놀라운 평범함

Zeit in einer Flasche _행복을 병 속에 담는 법

Hochzeit (Überleitungsmusik) _결혼식 (전환 음악)

Die neue Mrs. de Winter _새 안주인 미세스 드 윈터

Sie ergibt sich nicht _영원한 생명

Die lieben Verwandten _가족이란 낯선 이름

Bist Du glücklich? _행복하니?

Bist Du böse? _화났어요?

Hilf mir durch die Nacht _하루 또 하루

Was ist nur los mit ihm? _절망에 지친 몸부림

Sie war gewohnt, geliebt zu werden _남자들이 숭배한 그녀

Unser Geheimnis (Underscore) _둘만의 비밀 (언더스코어)

Rebecca I _레베카 1

Merkwürdig _뒷담화

Sie's fort _그년 떠났어

Gott, warum? _신이여

Das schönste Geschöpf (Underscore) _가장 아름다운 여자 (언더스코어)

Ehrlichkeit und Vertrauen _별빛 같은 한 사람

Ball von Manderley _맨덜리 가장무도회

I'm an American Woman _미국 여자

Nacht verzaubere ich die Welt _오늘은 나의 세상

Finale—Erster Akt _1막 피날레

2막

Entr'acte _간주곡

Und Das und Das und Das _맴도는 이름, 레베카

Rebecca - Version 2 _레베카

Nur ein Schritt _저 바다로 뛰어

Strandgut _건지는 놈이 임자

Sie's fort (Reprise) _그년 떠났어 (반복)

Du liebst sie zu sehr _그녀는 당신의 전부

Kein Lächeln war je so kalt _칼날 같은 그 미소

Die Stärke einer Frau _여자들만의 힘

Die Neue Mrs. de Winter (Reprise) _새 안주인 미세스 드 윈터 (반복)

Mrs. de Winter bin Ich! _미세스 드 윈터는 나야!

Die Voruntersuchung _공판(Trial)

Eine Hand wäscht die andre Hand _한 손이 다른 손을

Sie's fort (Reprise) _그녀는 떠났어 (반복)

Sie fuhr'n um Acht _우린 어찌 될까

Keiner hat Sie durchschaut _완벽한 속임수

Rebecca (Reprise) _레베카 (반복)

Jenseits der Nacht _밤의 저편

Manderley in Flammen _불타는 맨덜리

Ich hab geträumt von Manderley (Reprise) _어젯밤 꿈 속 맨덜리 (반복)

레베카의
대표넘버를 감상해보세요!

5-3

이제 시작하려는 순간이야

: 사운드 오브 뮤직

배경은 제2차 세계대전 직전의 오스트리아 알프스 산맥. 영화의 주인공 '마리아'는 아름다운 산을 사랑하며 수녀원에서 지내고 있었습니다. 하지만 항상 들떠있는 수다스러운 성격으로 다른 수녀들은 마리아가 수도원에 어울리지 않는다며 골칫거리로 여겼습니다.

그러던 어느 날, 아내를 잃고 7명의 아이를 기르고 있는 퇴역군인 '본 트랩' 대령에게서 가정교사를 소개해 달라는 편지가 도착합니다. 마리아의 미래를 고민하던 수녀원장은 가정교사로 마리아를 추천합니다.

마리아가 오기까지 트랩 대령은 아이들을 군대식으로 교육하고 있었습니다. 어린아이들은 아버지의 사랑 대신 엄격한 교육을 받은 탓에 마리아에게도 쉽게 마음을 열지 않고 말썽을 피웠습니다.

하지만 마리아는 아이들을 이해하고 천둥소리가 들리는 밤 무서워하는 아이들에게 노래를 불러주며 아이들과 가까워지는 데 성공합니다.

자유로운 마리아와 엄격한 트랩 대령의 교육방식은 서로 맞지 않았습니다. 하루는 대령이 집을 비운 사이 마리아가 커튼으로 아이들의 옷을 만들고 시내로 나가 노래를 부르며 즐거운 시간을 보냈습니다. 이를 본 트랩 대령은 아이들이 품위 없이 행동한 데 화가 나 마리아를 수녀원에 돌려보내려고 합니다.

하지만 곧이어 손님으로 방문한 남작 부인에게 아이들이 불러주는 노래를 듣고 화가 풀리게 됩니다. 이후 아이들은 인형극을 준비해 남작 부인에게 선보이기도 하면서 트랩 대령은 마리아의 교육방식을 이해합니다.

트랩 대령 역시 따뜻해진 집의 분위기에 아이들에게 '에델바이스(Edelweiss)'를 불러주며 아내를 잃은 뒤 잃어버렸던 활기를 되찾습니다.

Maria _오, 골칫거리 마리아를 어쩌죠?
어떻게 해야 그녀가 가만히 말을 들을까요?
모래 위 파도를 잠재울 수 있나요?
마리아의 문제를 어떻게 해결할까요?
달빛을 손안에 넣을 수 있나요?

그녀에게 할 말도 많을 테고

그녀가 알아야 할 것도 많겠죠

The Sound of Music _사운드 오브 뮤직

언덕들은 음악 소리로 살아있어요

언덕들이 천 년 동안 불러온 노래로

언덕들은 음악 소리로 내 가슴을 채워요

들려오는 모든 노래 다 부르고 싶어요

내 마음은 호수에서 나무로 날아오르는

새들의 날개처럼 퍼덕이고 싶어요

내 마음은 산들바람에 울려오는

교회의 종처럼 한숨 쉬고 싶어요

마음이 외로울 땐 언덕에 올라요

난 알아요, 전에 들었던 것

다시 들으리라는 걸

내 마음은 음악 소리로 축복받지요

나는 다시 한번 노래 부를 거예요

Do-Re-Mi _도-레-미

아주 쉬운 것부터 시작하자

쉽게 시작할 수 있도록

글을 배울 때는 어디부터 시작하지?

A, B, C

노래를 배울 땐 도, 레, 미부터 시작해

도, 레, 미는 첫 세 음절이야

도 레 미 파 솔은

노래를 만드는 데 필요한 재료야

재료가 있다면 무엇이든 만들 수 있어

그것들을 섞어서 아주 많은 노래를 할 수 있지

할 수 있겠지?

노래의 음을 알면

너희들은 어떤 노래든 부를 수 있어

도, 사슴 중의 암사슴

레, 쏟아지는 태양 빛

미, 나를 부르는 이름

파, 멀리 뛰어가는 길

솔, 실을 꿰는 바늘

라, 솔을 따라오는 음

시, 잼 바른 빵과 마시는 차

이제 다시 돌아가서, 도

어느 날, 트랩 대령은 집에서 파티를 열었습니다. 트랩 대령과 마리아는 파티에서 함께 춤을 추었고 서로를 사랑하고 있음을 알게 됩니다.

자신의 감정에 당황한 마리아는 인사도 하지 않고 몰래 수녀원으로 돌아가 버립니다. 아이들은 마리아가 돌아갔다는 사실에 슬퍼합니다. 트랩 대령은 마리아가 떠난 것을 받아들인 것처럼 굴며 남작 부인과 재혼할 것을 선언해 버립니다.

한편, 사정을 알게 된 수녀원장은 마리아를 설득합니다. 결국, 마리아는 자신의 감정에 책임지기 위해 트랩 가로 돌아갑니다. 마리아가 돌아오자 트랩 대령은 남작 부인에게 이별을 청하고 상황을 알게 된 남작 부인도 이를 받아들여 마리아와 트랩 대령은 결혼합니다.

이들은 행복하게 신혼여행을 떠나지만, 두 사람이 돌아왔을 때는 전쟁으로 인해 트랩 대령에게 소집 명령이 떨어졌습니다. 대령은 가족들만 남기고 전장으로 떠나는 대신 야반도주를 시도합니다.

그러나 집을 나서자마자 발각되어 이들은 민요대회에 가는 중이라고 둘러댑니다. 대회에 참여한 이들은 돌림노래로 합창을 선보인 뒤, 수상자를 발표하는 동안 수녀원으로 도망칩니다. 뒤늦게 이를 알아차린 추적대. 하지만 수녀들이 미리 추적대의 자동차 부품을 빼두어서 가족들은 무사히 도망쳐 알프스 산맥을 넘고 스위스에 도착하며 극은 마무리됩니다.

Edelweiss _에델바이스

에델바이스 에델바이스
매일 아침 너는 나를 맞이하는구나
작고 하얀 깨끗하고 밝은
나를 만나 행복해 보이는구나

눈에서 피어난 꽃
네가 피어나고 자라기를
활짝 피어나 영원하기를

So Long, Farewell _안녕, 안녕

벽시계에서 울리는 슬픈 소리
그리고 첨탑의 종소리
재미있게 생긴 작은 새가 일어나서
불쑥 말해요, 뻐~꾹

뻐꾹, 그들은 아쉽게 말해요
뻐꾹, 이젠 그만 잘 자라는 인사를 하라고
뻐꾹, 당신을 위해

자러 갈 수 있어서 기뻐요, 거짓말을 못 해서요
둥실둥실, 훨훨, 빠르게 날아서
햇님도 잠자리에 들고, 저도 이제 자야 해요

안녕히 계세요, 안녕

저희는 물러갈게요

안녕, 안녕, 안녕

Climb Every Mountain _산 위에 올라

모든 산을 올라라, 모든 개울을 건너라

무지개를 쫓아가, 너의 꿈을 찾을 때까지

네 모든 사랑을 줄 수 있는 꿈

사는 동안 영원히 사랑할 수 있는 꿈

Something Good _아마 좋은 일을 했었던 거야

아마 어린 시절의 나는 장난꾸러기였고

아마 좀 더 자라서는 제멋대로였죠

하지만 장난스럽고 제멋대로인 시절에도

진실한 순간이 있었나 봐요

여기 내 앞에 서 있는, 나를 사랑하는 당신

아무것도 하지 않으면

아무 일도 일어나지 않아요

그러니 언젠가 나의 어린 시절에

난 무언가 좋은 일을 했었나 봐요

자유롭지만 자신의 자리를 찾지 못한 마리아와 엄격하고 깐깐하지만 상처를 안고 있던 트랩 대령. 두 사람이 성장해가며 아이들과 함께 안정적인 유대를 만들어가는 모습은 따뜻하고 애틋합니다.

서로를 믿고 사랑하는 가족들의 모습은 강인하고 빛나는 자유로움과 자연의 청명함, 노래의 즐거움을 우리에게 일러주는 것도 잊지 않습니다.

혼란스러운 시대 속에서 역사를 이겨내기 위해, 가족들의 미래를 지키기 위해 분투하는 모습은 보는 이들의 마음을 깊이 울립니다. 그리고 스위스에서 나아갈 이들의 인생을 응원하게 하죠.

〈사운드 오브 뮤직〉은 오스트리아 출신의 마리아 폰 트라프의 자서전 「트라프 가문의 가수들 이야기(The Story of the Trapp Family Singers)」를 원작으로 하는 뮤지컬입니다.

전쟁 속에서 알프스를 배경으로 한 아름다운 배경과 마음을 시원하게 만들어 주는 노래들은 감상의 즐거움을 한층 더 해주면서 오랫동안 명작으로 평가받고 있습니다.

국내에서는 1959년 초연 이후 1965년에 만들어진 동명의 뮤지컬 영화가 명작으로 알려져 더욱 널리 사랑받고 있습니다.

넘버

1막

Prelude _전주곡

The Sound of Music _사운드 오브 뮤직

Maria _오, 골칫거리 마리아를 어쩌죠?

My Favourite Things _내가 좋아하는 것들

Do-Re-Mi _도-레-미

Sixteen Going on Seventeen _너는 열여섯 내일엔 열일곱

The Lonely Goatherd _외로운 양치기

The Sound of Music (Reprise) _사운드 오브 뮤직 (반복)

So Long, Farewell _안녕, 안녕

Morning Hymm _아침 찬송

Climb Every Mountain _산 위에 올라

2막

My Favourite Things (Reprise) _내가 좋아하는 것들 (반복)

Something Good _아마 좋은 일을 했었던 거야

Maria (Reprise) _결혼식 - 오, 골칫거리 마리아를 어쩌죠? (반복)

Confitemini Domino _주를 찬미하나이다

Do-Re-Mi (Reprise) _도-레-미 (반복)

Edelweiss _에델바이스

So Long, Farewell (Reprise) _안녕, 안녕 (반복)

Final Ultimo - Climb Every Mountain _피날레 - 산 위에 올라

사운드 오브 뮤직의
대표넘버를 감상해보세요!

5-4

나의 봄을 너에게 보낸다

: 팬레터

배경은 일제강점기인 1930년대 경성. 경성의 문인 모임 '구인회'를 모티브로 한 '칠인회'의 문인들이 이야기의 축이 됩니다. 특히 우리에게 익숙한 문인 '이상'과 '김유정'에서 '이윤', '김해진'이라는 새로운 인물들을 만들어 낸 점이 관객의 흥미를 이끕니다.

극의 주인공 '정세훈'은 소설가 지망생입니다. 그는 부유한 집안에서 자라 일본에서 유학하며 글을 썼습니다. 그의 필명은 '히카루'.

그는 자신이 가장 존경하는 문인 김해진에게 히카루의 이름으로 팬레터를 보내게 됩니다. 해진과 세훈은 비슷한 감각과 생각을 공유하며 글을 통해 마음을 나누게 됩니다. 해진은 히카루의 편지에 위안을 받으며 깊은 감정을 느끼게 되는데, 히카루를 여성으로 오해하며 사랑에 빠집니다.

세훈은 해진을 만나기 위해 경성으로 돌아와 칠인회 사무실에서 일하게 됩니다. 하지만, 히카루를 사랑하고 또 존경하며 뮤즈로 삼고 있는 해진을 보자, 차마 자신의 정체를 알리지 못합니다.

심지어 해진은 폐결핵에 걸려 하루하루 아파하면서도 히카루의 편지에 힘을 얻어 글을 쓰고 있었습니다. 해진이 인정한 사람은 자신이 아니라는 생각이 든 세훈은 초조한 마음에 해진에게 쓰던 편지를 끊어 버립니다. 해진은 이에 크게 낙담합니다.

곁에서는 이윤이 해진을 위해 히카루의 정체를 알아내려 하고 해진은 어렴풋이 세훈이 히카루일 수도 있다는 짐작을 하게 됩니다. 그 사이 세훈은 히카루가 아닌 자신만의 글을 쓰려고 합니다.

하지만 히카루는 더 이상 세훈의 필명이 아닌, 또 다른 하나의 인격으로 자라 있었습니다. 감수성 깊고 여린 성격의 세훈과는 달리 자신감 있고 성취욕이 높은 고집 있는 성격의 여성. 그는 마치 거울과 같이 세훈과 같으면서도 완전히 대비되는 모습을 지닌 존재였습니다.

유고집

아무것도 할 게 없는 지루한 시대

오늘은 루머가 없나 신문을 뒤적여
까딱하면 잡혀가는 위험한 시대

희망이 어디 있겠습니까 우리가
낮게 드리운 하늘 아래서 그저

아무도 모른다

아무도 모르던 술렁이던 밤들
슬픔을 나누던 유일한 사람
그는 날 알아야만 해 이제는 떠날 시간이야
어딘가 내가 있을 곳을 찾아 기회가 온 거야
그는 날 알아줄 거야

Number 7

살아남기도 바쁜 세상에
한가하게 시를 짓느냐고들 하지
지금 문학이 무슨 의미냐 혹은
나라가 이 지경인데 때려치워라 따위
말들을 하지만 우린 좀 간절했어
숨 쉴 여유를 찾고 싶어서

넘버 세븐, 럭키 세븐
우리에겐 특별한 숫자

이 도시에 있는 모더니스트의 수
게으르고 생각 없다 말하지만 우리는 진지해
순수예술을 위해

아무리 점령당한 땅이라 해도
예술마저 점령당할 순 없잖아
더 멋지게 더 현대적으로
예술만은 자유로워도 괜찮아

가난해도 사랑은 알지
빼앗긴 들에도 봄은 올 테니
게으르고 생각 없다 말하지만
우리는 진지해 순수예술을 위해

그리하여 삭막한 이 도시에도
조금은 낭만과 예술이 남기를

눈물이 나

우리라고 별다를 거 없어
아직 흰 원고지 앞에선 머리도 따라 하얘지고
써놓은 걸 보면 부끄럽고
그래도 같이 헤맨다면 낫잖아
그래도 우린 같은 작가니까

어떤 표현이 더 나을지

조심스럽게 고르는 그의 얼굴

느리게 또 급하게 움직이는 손길

손끝에서 종이 위로 쏟아지는 세상

그녀를 만나면

글 너머의 그 사람이 보인다

놀랄 만큼 순수한 사랑도

하지만 그건 나를 향한 게 아니야

말할까 아니야 안 되지

저 사람 나란 걸 상상도 안 해

다른 사람이야 편지 속 그녀는

거짓말이 아니야

이제 돌이킬 수 없어 어설프면 안 돼

거짓을 말하는 가장 완벽한 방법

자신을 속여라

넌 그저 나의 다른 이름이었지만

이젠 살아있는 사람인 거야

희게 빛나는 얼굴 또렷하고 날카로운 눈매

이제 드디어 밖으로 나오게 된 거야

차분하고 매력적인 여성

글자 그대로

네가 날 이끌어냈듯이 내 손을 잡고 어서 말해 봐

글자 그대로 네가 쓰는 대로 이루어질 거야

글자 그대로 네가 쓰는 대로 이루어질 거야

Muse

뮤즈, 달콤하고 뮤즈, 잔인해 영감을 주고

생명을 빼앗아가는 그들은 잔인한 천사

그러나 누가 그들을 감히 거부하겠는가

때로는 달콤하고 때로는 잔인해

홀리고 빠져들어 누구도 거절하지 못해

미약에 취한 듯 어지러운 그 기분

정신을 잃는다 해도 우리의 영광

섬세한 팰레터

글자로 지어진 견고한 성

여기서 우리 서로를 만날 수 있어

이미 함께 있어 이렇게

어느새 히카루는 세훈을 압도하기에 이릅니다. 히카루의 편지를 받지 못하는 동안, 해진은 점차 병이 깊어지며 침체되고 있었습니다.

히카루는 다시 해진에게 편지를 보내 채찍질하기 시작합니다. 결핵으로 죽음을 앞둔 그에게 글을 쓰라며 재촉합니다. 죽기 직전 연인들이 나눈 편지가 아름다운 글로 남을 것이라며 해진을 자극하자, 해진은 쉬지도 않고 새벽까지 글을 써 내려가며 몸을 혹사시킵니다.

통제할 수 없는 히카루의 존재에 세훈은 조금씩 무너져가지만, 자신이 만들어낸 존재로 인해 존경하는 해진이 죽어가는 모습을 더 이상 지켜볼 수 없었습니다.

결국, 세훈은 펜으로 자신의 손을 찔러버립니다. 세훈이 글을 쓸 수 없게 되자 그의 글 속에서 살아 숨 쉬던 히카루는 사라지게 됩니다. 세훈은 모든 게 자신이었음을 해진에게 밝히지만, 해진은 히카루가 사라졌음을 받아들이지 못하고 세훈을 부정합니다.

그리고 얼마 뒤, 결국 해진은 병으로 세상을 떠나고 맙니다. 그 후 세훈은 '이윤'에게 해진의 마지막 원고를 전달받게 됩니다.

별이 반짝이는 시간

난 너의 악몽 어둠 속 빛 가장 깊은 영혼
밤의 어둠 속에서 단둘이 나눈 대화 기억해
영원히 남은 순간의 섬광
넌 눈을 돌리지 마

오 나의 가련한 사랑이여
내 손 안에 잡혀버렸네

난 너의 악몽 어둠 속 목소리 너를 구하던 손길
생의 깊은 절망에서 단둘이 나눈 소망 기억해
사소한 건 신경 쓰지 마 고통은 곧 사라질 거야

이 빛나는 시간 동안 모든 걸 잊어버려
아마 눈치채지 못하리 죽음에 이른다 해도
네가 원한 거잖아 내 탓을 하고 숨기만 해
편하지 잊을 수 없는 영광을 줄게

거울

거울 속 너는 글자를 먹고 자란 나의 반쪽
누구도 나를 사랑한 적 없어
나조차도 나를 싫어해
아무도 나를 사랑하지 않아

넌 나의 작고 달콤한 늪
당당하고 아름답고 사랑받는 꿈
너도 나 없이 아무것도 할 수 없어

안녕 나의 빛, 나의 악몽
어둠 속의 목소리
구해주던 손
나의 반쪽

고백

하지만 그건 나였어요
우체국을 오가며 맘졸이던 밤이면 소설을 쓰며
낮이면 당신의 옆에서 글 쓰는 걸 지켜보던 나날

제발 날 봐요 그건 전부 나였어요
내가 그녀를 죽이지 않으면
그녀가 당신을 죽일 것 같았어

제발 날 봐요 내가 당신의 히카루예요
나 당신을 위해 나의 마음조차 죽였어요

해진의 편지

결국 우리들은 사랑의 모든 형태를 탐닉했으며

사랑이 베풀어줄 수 있는 모든 희열을 맛보았노라

나보다 훨씬 용감한 너를 보고
나도 한 걸음을 겨우 떼어
여기 편지와 원고 받아주면 좋겠다
그녀에게 주고 싶던 꽃과 함께

그게 누구라도
편지의 주인을 나는 사랑하지 않을 수 없다
한결같이 너의 답장을 기다리마
삼월 십칠일 해진으로부터

내가 죽었을 때

내가 눈 떴을 때 때는 바야흐로 봄이었다
대지는 척박하고 바람은 거칠었다
뿌리를 잘못 내린 듯 아무도 축복하지 않았지만
그래도 봄은 아름다웠다

모두들 그래 다 지나고 나면 잊고 살게 된다 해
난 아무리 지나도 그렇게 될 수 없어
영원히 잊히지도 넘길 수도 없는
그 페이지를 붙들고 오늘을 살아

난 아직도 그 한가운데에 하루해살이 풀처럼
내 사랑이 죽었을 때 내 청춘도 죽었고
차마 돌아보지 못했던 나의 봄을 이제야 보낸다
나의 봄을 이제야 보낸다

해진의 마지막 원고는 히카루가 아닌, 진짜 세훈에게 그가 쓴 편지였습니다. 처음부터 진실을 알고 있었지만 이를 외면했다는 사과, 자신을 버틸 수 있게 해준 세훈에 대한 감사, 그리고 누구라고 해도 편지의 주인을 마음 깊이 사랑했다는 해진의 인사가 담겨 있었습니다.

해진은 세훈의 답장을 기다리고 있었고 세훈은 뒤늦게 히카루와 해진의 소설을 발간하며 해진에게 송사를 바칩니다.

〈팬레터〉는 문인들의 이야기답게 아름다운 시처럼 정제된 가사들이 관객들을 사로잡습니다. 특히 일제강점기라는 배경과 역사 속에서 재해석된 인물들은 관객들에게 더욱 깊은 공감을 일으키기도 합니다.

절망과 억압 속에서 치열하고 절박하게 살아가며 자신의 삶과 사랑을 붙드는 모습은 관객들의 마음을 울리고 매력적이고 당찬 히카루의 모습은 관객들마저 그 속에 빠져들게 합니다.

이같이 절절하면서도 치명적인 매력으로 뮤지컬 〈팬레터〉는

2015년 글로벌 뮤지컬 라이브 최우수작품에 선정되고, 2016년 초연을 선보인 이후로 꾸준히 큰 호응을 받고 있습니다.

넘버

1막

유고집

그녀의 탄생과 죽음

아무도 모른다

Number 7

눈물이 나

그녀를 만나면

거짓말이 아니야

신인탄생

글자 그대로

Muse

섬세한 팬레터

2막

투서

글자 그대로 (반복)

별이 반짝이는 시간

생의 반려

별이 반짝이는 시간 (반복)

거울

고백

해진의 편지

내가 죽었을 때

팬레터의
대표넘버를 감상해보세요!

5-5

누가 당신의 불꽃을 지키는가

: 해밀턴

뮤지컬 〈해밀턴〉은 2016년 토니상, 퓰리처상 등을 수상하고, 2020년 영화로 제작된 뒤에는 사운드트랙이 빌보드 차트에 오르는 등 사랑받고 있는 작품입니다. 이야기의 핵심은 미국 초대 재무장관 '알렉산더 해밀턴'의 일생이며, 그와 함께 미국 건국 초기의 역사를 다루고 있습니다.

불우한 어린 시절을 보낸 해밀턴은 1776년, 미국 뉴욕으로 이민 후 '애런 버'를 만나 친구가 됩니다. 혁명 직전의 뉴욕에서 그들은 노예 해방을 주장하는 '존 로렌스', 신분 상승을 꿈꾸는 재단사 '허큘러스 멀리건', 프랑스 출신의 후작 '라파예트'와 함께 독립을 위한 혁명의 뜻을 다지게 됩니다.

얼마 후 영국 '조지 3세'로 인해 본격적인 미국 독립 전쟁이 시작되고 버는 미국군 총사령관 '조지 워싱턴'의 참모가 되기를 희망합니다. 하지만 워싱턴은 해밀턴을 참모로 선택합니다. 덕분에 해밀턴은 자신의 마음을 다잡으며 성장하지만 버는 그를 경계하기 시작합니다. 그 사이 해밀턴은 '일라이자 스카일러'와 사랑에 빠져 결혼하게 됩니다.

전쟁은 계속되고 워싱턴은 '찰스 리'에게 군의 통솔권을 맡기게 됩니다. 하지만 그는 전투에서 후퇴하며 병력 손실을 초래했고 워싱턴을 모함하기까지 합니다. 이를 지켜본 해밀턴의 친구 로렌스는 찰스 리에게 결투를 신청하여 승리하지만, 워싱턴은 두 사람의 결투에 분노하며 해밀턴을 집으로 돌려보냅니다.

집에 돌아간 해밀턴은 아내 일라이자가 임신 중이라는 사실을 알게 되고 그에게 위로를 받습니다. 한편, 계속되는 전쟁 속에서 라파예트는 프랑스의 지원을 받으며 공을 세우고 있었습니다. 그런 그의 작전에 해밀턴이 필요하다고 주장하자 워싱턴은 그제야 해밀턴에게 통솔권을 맡기게 됩니다.

마침내 시작된 요크타운 전투. 해밀턴은 전쟁을 승리로 이끄는 데 크게 기여합니다. 혁명 후, 해밀턴의 아들 필립과 버의 딸이 태어납니다. 해밀턴과 버는 뉴욕에 돌아와 변호사 일을 시작하는데, 대통령이 된 워싱턴은 해밀턴을 재무장관으로 임명합니다. 곁에서 그를 지켜보는 버는 해밀턴의 승승장구를 질투하고 있었습니다.

Alexander Hamilton _알렉산더 해밀턴

어떻게 사생아에, 고아에,
매춘부와 스코틀랜드인 사이에서 태어나
신에게 버림받고 카리브해 한가운데
모두가 잊어버린 섬에 떨어져
빈곤과 처참함 속에서 자란 아이가
영웅이자 위인이 될 수 있었을까

미국이 당신을 위해 노래할 때
당신이 무엇을 극복했는지 알까
당신이 게임을 완전히 뒤집었다는 걸 알까
세상은 완전히 달라질 거야

The Story of Tonight _오늘 밤 이야기

자유를 위해 건배
절대로 빼앗길 수 없는 것
남들이 뭐라 하든 상관없어

The Schuyler Sisters _쉴러 자매

요즘 토머스 페인이 쓴 「상식」을 읽고 있어요
그럼 남자들이 내게 말해요 격하거나 미쳤다고
당신은 혁명을 원하나요? 나는 폭로를 원해요
그러니 나의 선언을 들어봐요

Ten Duel Commandments _십계명

눈을 바라보며, 그보다 높지 않게

네게 필요한 모든 용기를 모아서

세는 거야

하나, 둘, 셋, 넷

다섯, 여섯, 일곱, 여덟, 아홉

그리고 열 걸음!

That Would Be Enough _충분해

당신이 어디에 있는지 봐

당신이 어디서 시작했는지 봐

당신이 살아있다는 사실만으로 기적이야

살아남아 줘, 그거면 충분해

아는 척하지 않을게

당신이 마주하고 있는 도전들을

당신이 지우고 만들어내길 반복하는 세계들을

History Has Its Eyes on You _역사가 당신을 평가한다

어린 시절 영광을 꿈꾸던 그 시절에

내가 알았다면 좋았을 것을 네게 알려줄게

누가 살아남고, 누가 죽게 되고,

누가 너의 이야기를 전할지

너는 전혀 통제할 수 없어

우리가 승리할 수 있다는 걸 알아
네 안에 위대함이 있다는 것도 알지
하지만 앞으로는 기억해 둬
역사가 너를 지켜보고 있음을

Dear Theodosia _테오도시아에게

어떤 대가를 치르더라도
수백만 번 실수하더라도
우린 세상을 안전하고 평화롭게 만들거야

넌 우리나라와 함께 어른이 되겠지
우린 너를 위해 피 흘려 싸우고, 너를 위해 옳은 일을 찾겠지
만약 우리가 충분한 기반을 세우게 된다면
우린 그걸 네게 물려주고, 우린 네게 세상을 줄 거야

Non-Stop _논스톱

왜 내일이 오지 않을 것처럼 글을 쓰지?
왜 그래야 살아갈 수 있다는 것처럼 글을 쓰지?
왜 살아있는 매 순간 너는 글을 쓰고 있지?
살아있는 매 순간에, 매 순간에

그 무렵 '토머스 제퍼슨'이 국무장관에 임명됩니다. 그와 해밀턴은 국립은행 설립에 대해 상반된 의견을 주장하며 대립합니다.

이에 워싱턴은 두 사람이 타협안을 찾으라고 지시하였고 바쁜 정무에 쫓긴 해밀턴은 가정을 등한시하게 됩니다. 9세가 된 아들과 아내 일라이자가 찾아와도 만나주지 않았죠.

그러던 어느 날, '마리아 레이놀즈'가 그를 찾아와 남편에게 학대를 받고 있다며 보호를 요청합니다. 해밀턴은 그를 보호하는 사이 외도하게 되고 레이놀즈 부부에게 협박당하여 돈을 지불합니다.

한편 해밀턴만큼 성공하고 싶었던 애런 버는 제퍼슨과 같은 정당으로 소속을 바꿔버립니다. 설상가상으로 해밀턴과 제퍼슨의 대립에서 워싱턴이 제퍼슨의 손을 들어주자, 해밀턴은 분노하여 차기 대통령 후보로 출마해 버립니다.

대선 결과, 제퍼슨이 아닌 해밀턴과 정치적 의견이 일치하는 '존 애덤스'가 당선됩니다. 하지만 그는 해밀턴을 적대시했고 해밀턴의 정적들은 그의 외도 사실을 폭로하죠.

일라이자는 슬픔에 빠져 해밀턴을 잊으려 하고, 19세가 된 필립은 아버지를 모욕한 이들에게 결투를 신청했다가 죽게 됩니다. 일라이자와 해밀턴은 절망의 시간을 보냅니다.

The Room Where It Happens _사건의 방

누구도 몰라

정당들이 합의하는 방식을

모든 체스 게임에서

어떤 말들이 희생당하는지를

우린 그냥 그런 일이 일어난다고 예상할 뿐

누구도 그 이상을 몰라

그 방에서 무슨 일이 일어나는지

판돈을 걸면, 게임을 그만두지 못하지

하지만 게임을 하지 않으면 이길 수도 없어

그 대가로 사랑을 얻고 미움도 얻겠지

하지만 기다리고, 기다리고, 기다리기만 해서는

아무것도 얻지 못해

Schuyler Defeated _쉴러의 패배

눈에 띈 기회를 잡기 위해 정당을 바꿨어

보증하는데 너의 오만함이 우리 모두를 죽게 만들 거야

조심해, 그 뒤에는 멸망이 따를 테니

Hurricane _허리케인

나의 길을 써 내려갔어

눈에 보이는 모든 것을 써 내려갔지
나의 길을 써 내려갔어
고개를 들자 온 마을이 나를 바라보고 있었지

나의 길을 써 내려갈 거야
나의 정직함으로 그들을 압도하겠어
지금 여기가 바로 태풍의 눈
이것만이 나의 유산을 지킬 유일한 방법!

Burn _불꽃

당신과 당신의 말이 내 감각 속에서 일렁였어
당신의 문장이 나를 무방비하게 만들었지
당신의 문단이 내게 성을 지어주었고
당신은 내게 대성당을 세워주었지

난 이 서사에서 나를 지우고 있어
미래의 역사가들이 궁금해하겠지
네가 일라이자의 마음을 아프게 했을 때
그녀가 어떻게 반응했는지

It's Quiet Uptown _조용한 도시

아는 척하지 않을게
우리가 마주하고 있는 도전들을

잃어버린 것을 대신할 수 없다는 걸 알아
그리고 당신에게는 시간이 필요하지

하지만 난 두렵지 않아
난 내가 결혼한 사람을 잘 아니까
그저 내가 당신 곁, 여기에 있게 해 줘
그거면 충분할 거야

말로 할 수 없는 순간들과
이름을 붙이기엔 너무 강력한 축복이 있지
우린 이해할 수 없는 것들을 밀어냈고
우린 상상할 수 없는 것들을 밀어냈어

Who Lives, Who Dies, Who Tells Your Story

_누가 살고, 누가 죽고, 누가 당신의 이야기를 들려주는가?

누가 살아남고, 누가 죽게 되고, 누가 너의 이야기를 전하는가

당신이 죽은 후, 당신의 이름을 누가 기억하는가
누가 당신의 불꽃을 지키는가

해밀턴에 대한 부정적인 논란이 잦아들자 해밀턴은 1800년의 대통령 선거에 출마합니다. 이때, 애런 버 역시 함께 대

통령 후보로 출마합니다.

이들은 서로를 견제하다가 결국 애런 버가 해밀턴에게 결투를 신청합니다. 결투 당일, 해밀턴은 하늘을 향해 방아쇠를 당기지만 애런 버는 해밀턴에게 총을 겨눕니다.

그렇게 해밀턴은 총탄에 맞아 눈을 감습니다. 극은 관객들에게 "누가 살아남고, 누가 죽게 되고, 누가 너의 이야기를 전할지 알 수 없다."는 질문을 던지며 막을 내립니다.

〈해밀턴〉은 자칫 지루하게 느껴질 역사를 랩, 힙합, 알앤비 등 대중적인 음악과 어우르고 다양한 인종의 배우를 활용하며 현대적인 감각으로 표현하였습니다.

그 속에서 절망적인 유년기와 혼란스러운 역사를 극복해 나가는 이야기는 흥미진진한 영웅의 서사처럼 들리기도 합니다. 한 사람이 헤쳐나간 운명이 세상과 다른 이들의 삶을 완전히 바꿔놓고 또 빛나게 만들 수 있다는 사실을 일러주기도 합니다.

또한, 역사가 한 사람의 삶을 기억하는 방식에 대한 심오한 질문을 건네 우리의 생각을 환기합니다. 이처럼 다채로운 매력을 지닌 뮤지컬 〈해밀턴〉은 브로드웨이 최고의 화제작 중 하나로 꼽히고 있습니다.

넘버

1막

Alexander Hamilton _알렉산더 해밀턴

Aaron Burr, Sir _애런 버

My Shot _마이 샷

The Story of Tonight _오늘 밤 이야기

The Schuyler Sisters _쉴러 자매

Farmer Refuted _농부의 반박

You'll Be Back _돌아오게 될 거야

Right Hand Man _오른손잡이

A Winter's Ball _겨울의 무도회

Helpless _무력한

Satisfied _만족스러운

The Story of Tonight (Reprise) _오늘 밤 이야기 (반복)

Wait For It _기다려

Stay Alive _살아있어

Ten Duel Commandments _십계명

Meet Me Inside _나 자신과

That Would Be Enough _충분해

Guns and Ships _포와 함선

History Has Its Eyes on You _역사가 당신을 평가한다

Yorktown (The World Turned Upside Down) _요크타운 (세상이 뒤집혔다)

What Comes Next? _다음

Dear Theodosia _테오도시아에게

Non-Stop _논스톱

2막

What'd I Miss _내가 놓친 것

Cabinet Battle #1 _내각 전투 1번

Take a Break _휴식

Say No to This _거절

The Room Where It Happens _사건의 방

Schuyler Defeated _쉴러의 패배

Cabinet Battle #2 _내각 전투 2번

Washington on Your Side _워싱턴은 당신의 편

One Last Time _마지막으로

I Know Him _나는 그를 안다

The Adams Administration _애덤스의 정부

We Know _우리는 안다

Hurricane _허리케인

The Reynolds Pamphlet _레이놀즈 팜플렛

Burn _불꽃

Blow Us All Away _우리 모두 날려버리자

Stay Alive (Reprise) _살아있어 (반복)

It's Quiet Uptown _조용한 도시

The Election of 1800 _1800년의 선거

Your Obedient Servant _신하의 복종

Best of Wives and Best of Women _최고의 아내와 최고의 여인

The World Was Wide Enough _세상은 충분히 넓다

Who Lives, Who Dies, Who Tells Your Story _누가 살고, 누가 죽고, 누가 당신의 이야기를 들려주는가?

해밀턴의
대표넘버를 감상해보세요!

5-6

날 죽게 하소서

: 지저스 크라이스트 슈퍼스타

뮤지컬 〈지저스 크라이스트 슈퍼스타〉는 성경을 바탕으로 예수의 죽음 이전 7일을 독창적으로 재해석합니다.

'예수'의 제자 중 하나인 '가롯 유다'는 진심으로 예수를 존경하고 있습니다. 하지만 군중이 그를 왕이라고 부르며 신격화까지 하여 따르는 모습을 걱정스럽게 여깁니다.

유다는 예수를 한 사람의 인간이라고 생각했는데, 군중은 그가 병을 낫게 하는 신성한 기적을 일으키고 끝내 로마 제국에서 유대인들을 구원할 것이라고 믿었기 때문입니다.

군중은 유다의 말을 귀담아듣지 않습니다. 예수를 떠받들고 열광하다가, 그의 태도가 조금이라도 기대에 미치지 못하면 단숨에 태도를 바꾸고 그를 매도합니다.

군중의 변덕스럽고 맹목적인 추종에 예수는 지쳐버립니다.

'막달라 마리아'는 지친 예수를 돌봐주며 값비싼 향유를 발라주는데, 이를 본 유다는 그 향유를 팔아 가난한 사람을 구할 수 있을 거라며 예수를 비난하여 갈등을 빚습니다.

한편, '가야바'와 '안나스'를 비롯한 사제들은 예수와 그 제자들을 달갑게 여기지 않았습니다. 그들의 존재가 자신들의 지위와 로마 제국에 위협이 된다고 판단한 것입니다.

사제들은 군중을 선동하여 예수를 '반역을 꾀하는 위험한 인물'로 몰아가기로 합니다. 그러자 로마 총독 '빌라도'까지 예수로 인해 자신이 비난받는 꿈을 꾸고 위협을 느낍니다.

Heaven on Their Minds _마음속의 천국

우리 함께 꿈꾼 그 모든 것
신보다 위대한 인간의 길
난 아직도 그 뜻을 굳게 믿고 있는데
왜 다 버리려 하나 왜 하필 이 선택인가
배신당해 죽어야 할 운명

메시아 따윈 다 잊어버려
남겨질 우릴 기억해 줘
지저스 우리가 여길 지켜야 해
우리가 우리가 이겨내고 살아야 해

What's the Buss _무슨 일 일어날지 말해줘

왜 알지 못하나 중요한 건 바로 여기
대체 뭘 더 바라나 내일 일은 걱정 말고
지금 이곳을 생각해

Everything's Alright _모두 잘 될 거야

지쳐버린 마음 끝이 없는 근심
잠시만 쉬게 해요
이 밤이 지나면 모두 사라지죠
다시 내일을 기다려요 잠시 세상을 잊어봐요
오늘만 걱정을 잊고 편히 잠드세요

가난한 자들을 위하는 당신 어찌 이럴 수 있나
그 비싼 향유 굶주린 수백 명 목숨을 구할 텐데
불쌍한 그들을 죽어갈 그들을
어떻게 외면하나 이렇게

저들의 고통을 돈 따위로 구원한다 믿는가
영원히 계속될 인간의 고통
구할 방법은 하나뿐
넌 알고 있으니 날 이용하거라
네가 할 일 후회하게 될 일을 하라

Damned for All Time - Blood Money _영원히 저주받은 자 – 피 묻은 돈

이것은 내 의지가 아냐 오해하지 마
돈 따위에 팔렸다고 착각하지 마
저주받을 내 이름 유다

나 지저스 위해 여기 온 걸 명심해
사람들이 그의 목을 조여와
난 그의 선택 막을 거야 끝까지
지저스 그는 나를 이해하겠지

영원히 배신자로 기억될 운명
저주하지 마 내 이름 유다

결국 군중은 예수를 죽이기로 합니다. 유다는 예수와 자신의 길이 다르다는 것을 알고 갈등 끝에 사제들에게 예수가 있는 곳을 알려줘 버립니다.

유다는 사제들이 주는 보상금을 핏값이라며 거부하지만, 끝까지 거절하지 못해 은화 30전을 받게 됩니다.

마침내 찾아온 최후의 만찬. 예수는 제자들에게 유다가 배신하고 베드로가 자신을 부정할 것이라고 예언합니다. 그리고 겟세마네 동산에 나아가 마지막 기도를 합니다.

죽음 앞에서 인간이 느끼는 무력함, 운명에 대한 원망, 저항할 수 없는 고통을 부르짖으며 신의 이름을 부릅니다. 하지만 그는 운명에 순응하고 죽기로 마음먹습니다.

유다의 배신으로 예수는 체포되고, 예수를 따르던 군중은 이제 그를 비웃습니다. 군중에게 붙잡힌 베드로는 예수를 세 번 부인하며 예수의 예언을 실현합니다.

빌라도는 예수를 이스라엘의 왕 '헤롯'에게 맡기는데, 그는 물 위를 걸어보라는 등 예수를 조롱하고 다시 빌라도에게 돌려보냅니다. 빌라도는 채찍질로 예수를 고문하기까지 합니다. 그 과정을 지켜본 유다는 그의 희생에 의문과 죄책감을 느끼고는 자살을 선택합니다.

The Last Supper _최후의 만찬

부질없는 소망 확신 없는 기대 내가 미쳐가나
너흰 날 잊겠지 내 이름조차도 내가 죽는 순간
하나는 날 외면하고 하나는 날 팔리라

베드로 넌 나를 세 번 부인한다 본 적도 없다고
그게 다가 아냐 너희들 열두 명
그중 한 사람 날 배신하리라

당신들 위해 만들어진 배신자란 내 역할
이용당해 버려질 상처받고 버려질
단지 희생양일 뿐 단지 희생양일 뿐
영원토록 저주받을 나의 이름 가롯 유다

Gethsemane (I Only Want to Say) _겟세마네

무얼 위해 싸워왔나 누굴 위해 죽는 건가
이 고통이 나에게 무슨 의미가 있나요

내가 죽어 얼마나 더 대단한 걸 갖게 되나요
얼마나 더 위대한 걸 이루시나요

알려줘요 내 죽음이 갖게 될 영광
헛된 죽음 아니란 걸 보여줘 제발
난 거부조차 할 수 없는 존재가요 왜

뜻하신 대로 날 죽게 하소서
당신 주신 이 독잔이 핏물되어 날 적시고
찢고 쳐서 죽이소서 지금
내 맘 변하기 전 지금
내 맘 변하기 전

Could We Start Again Please? _제발, 우리 다시 시작해요

이제야 알 것 같아

너무나 먼 곳까지 보신 당신의 뜻을

그 마음 알지 못한 날 용서해 줘요

나를 살게 한 그대

죽도록 그리움 남기고 가셨나

남겨진 우리는 어떡하나요

다시 시작해요

다시 시작해요

Judas' Death _유다의 죽음

이 맘을 어찌하나 이것이 사랑일까

누굴까 그는 누굴까

왕이라 불린 단지 한 사람 인간일 뿐

Superstar _슈퍼스타

아직도 난 당신 뜻을 알 수 없어

왜 모든 걸 내던지고 가버렸나

좀 더 멋진 다른 방법 없었을까

왜 하필 그 시절 그 시간을 택한 걸까

하늘나라 친구들은 어떠세요

그중 누가 당신께 뽑혔을까

부처님 그분과 사이 좋으세요

마호멧이 옮겼다는 산은 진짜인가요

고문당한 예수에게 점차 동정심을 느끼게 된 빌라도는 그를 풀어주려 하지만, 이미 돌아선 군중의 마음은 돌이킬 수 없었습니다.

결국, 예수는 성경의 이야기처럼 십자가 위에서 자신을 벌한 이들을 용서하며 최후를 맞게 됩니다. 이렇게 뮤지컬 〈지저스 크라이스트 슈퍼스타〉는 우리가 알고 있는 이야기와 크게 다르지 않은 결말을 맞습니다.

하지만 이 뮤지컬은 전지전능한 절대자가 아닌, 몸과 마음을 지녀 고통과 감정을 느끼는 한 사람, 인간의 모습에 초점을 맞추고 있습니다. 오랜 역사 속에서 이어진 고전이자 종교의 토대가 된 이야기를 한 인간의 삶으로 환원하고자 하는 시도입니다. 또한, 유다, 마리아, 베드로와 같은 인물들에게도 각자의 사정을 부여하며 기록의 틈을 넓히기도 했습니다.

이와 같은 파격적인 해석은 초연 당시에 큰 파장을 불러왔습니다. 웅장하면서도 거친 록오페라와 블루스 속 익숙하고도 낯선 즐거움을 느낄 수 있는 극입니다.

넘버

1막

Overture _서곡

Heaven on Their Minds _마음속의 천국

What's the Buss _무슨 일 일어날지 말해줘

Strange Thing, Mystifying _참으로 이상한 일

Everything's Alright _모두 잘 될 거야

This Jesus Must Die _예수를 죽여야 해

Hosanna _호산나

Poor Jerusalem _가엾은 예루살렘

Simon Zealotes _시몬 질로츠

Pilate's Dream _빌라도의 꿈

The Temple _성전

Everything's Alright (Reprise) _모두 잘 될 거야 (반복)

I Don't Know How to Love Him _어떻게 그를 사랑하나

Damned for All Time - Blood Money _영원히 저주받은 자 - 피 묻은 돈

2막

The Last Supper _최후의 만찬

Gethsemane (I Only Want to Say) _겟세마네

The Arrest _예수의 체포

Peter's Denial _베드로의 부인

Pilate and Christ _빌라도와 그리스도

King Herod's Song _헤롯 왕의 노래

Could We Start Again, Please? _제발, 우리 다시 시작해요

Judas' Death _유다의 죽음

Trial Before Pilate _빌라도의 재판

Superstar _슈퍼스타

The Crucifixion _십자가형

John Nineteen: Forty-One _요한 19장 41절

지저스 크라이스트 슈퍼스타의
대표넘버를 감상해보세요!

epilogue

우리는 살아가며 극복할 수 없을 것만 같은 어려움을 맞닥뜨리고는 합니다. 아무리 찾아봐도 빠져나갈 구멍은 없고, 버거운 순간이 영원할 듯합니다. 하지만 뮤지컬 속의 인물들은 갖은 어려움 속에서도 언제나 최선을 다하여 고민하고, 사랑하고, 도전합니다.

시대와 운명이 배반하더라도 자신의 인생을 개척해나가는 뮤지컬 속의 인물들. 우리는 극장에서 그들의 용기와 의지를 엿봅니다. 그리고 중력을 거슬러 날아오른 엘파바처럼, 매 순간 조금씩 성장해가는 에반 핸슨처럼 나아갈 힘을 얻습니다.

어쩌면 그들과 함께하는 시간이 당신의 인생에도 새로운 원동력이 될지도 모르겠습니다. 뮤지컬을 접하는 일은 나를 괴롭히는 일상에서 벗어나 조금 더 유쾌하고, 재밌고, 행복한 삶을 노래하겠다는 다짐입니다. 이 책 「방구석 뮤지컬」을 통해 그 자체로 빛나는 순간을 만나보셨길 바랍니다.

전율의 기억, 명작 뮤지컬 속 명언

방구석 뮤지컬

초판 1쇄 발행 2022년 10월 17일
3쇄 발행 2023년 1월 10일

지은이 | **이서희**
기획 편집 총괄 | **호혜정**
편집 | **김가영**
기획 | **김강리 김민아**
표지·본문 디자인 | **이선영**
일러스트레이션 | **김보영**
교정교열 | **호혜정 김수하**
마케팅 | **이지영 김경민**
펴낸곳 | **리텍 콘텐츠**
주소 | **서울시 용산구 원효로 162 세원빌딩 606호**
전화 | **02-2051-0311** 팩스 | **02-6280-0371**
이 메 일 | **ritec1@naver.com**
홈페이지 | **http://www.ritec.co.kr**
페이스북 | 블로그 | 카카오스토리채널 | **[책속의 처세]**
ISBN | **979-11-86151-56-3 (03190)**